巴塞罗那俱乐部的风格与统治地位
——战术分析

【美】托尼·英格伦　著

王景波　王天楠　译

人民体育出版社

图书在版编目(CIP)数据

巴塞罗那俱乐部风格与统治地位:战术分析/(美)托尼·英格伦(Tony Englund)著;王景波,王天楠译.-北京:人民体育出版社,2016

书名原文:FC Barcelona Style and Domination A Tactical Analysis of FC Barcelona

ISBN 978-7-5009-5042-4

Ⅰ.①巴… Ⅱ.①托… ②王… ③王… Ⅲ.①足球运动-运动技术-研究-西班牙 Ⅳ.①G843.19

中国版本图书馆CIP数据核字(2016)第219683号

*

人民体育出版社出版发行
三河兴达印务有限公司印刷
新 华 书 店 经 销

*

787×1092 16开本 7.25印张 182千字
2017年1月第1版 2017年1月第1次印刷
印数:1—3,000册

*

ISBN 978-7-5009-5042-4
定价:19.00元

社址:北京市东城区体育馆路8号(天坛公园东门)
电话:67151482(发行部) 邮编:100061
传真:67151483 邮购:67118491
网址:www.sportspublish.com
(购买本社图书,如遇有缺损页可与邮购部联系)

序

2011年欧冠决赛输给巴塞罗那队之后，曼联队主教练亚历克斯·弗格森曾说过，巴塞罗那队的踢球风格"让人着迷"。能得到这样一位世界级足球战术天才和大师级教练员的称赞，实属不易。在那场决赛中，伟大的曼联队整场都在徒劳地追赶巴塞罗那的队员和足球，就像在追逐幽灵一样，这一幕让所有观众叹为观止。

在《巴塞罗那俱乐部的风格与统治地位——战术分析》这本书中，托尼·英格伦完成了一项伟大的工作，即向美国的足球教练员全面介绍了巴塞罗那式的踢法。他告诉我们巴塞罗那队是怎么踢球的，并提供了相关训练，帮助我们学习巴塞罗那式踢法。令人惊叹的是，他还在书中提及了一些击败巴塞罗那队的具体方法。这本书对世界上最好的足球俱乐部进行了独到的分析，为我们提供了诸多引人深思的技战术方面的见解，并配有一流的图片。

对我们这些将毕生心血都投入到足球运动中的同仁们而言，在读这本书的时候绝不能浅尝辄止，我们需要"贪婪地"消化这本书——并且不能只读一遍，而是要反复地阅读。感谢托尼·英格伦为足球教练员们所付出的努力，他使我们能够通过本书了解世界上最优秀的足球俱乐部的训练理念和方法。随着足球运动的不断发展，这本书定会激励我们去追赶这支加泰罗尼亚劲旅所取得的卓越成绩，并为我们踢出"精彩的比赛"提供范本。

杰夫·蒂平
美国国家足球教练员协会（NSCAA）教育和培训发展部名誉主任
欧足联A级教练员证书评审员——爱尔兰足协
棕榈滩足球学校（Palm Beach Soccer Academy）技术指导
国际足联Futuro教练员培训奖获得者
著有《培养美国精英球员的训练和练习》

前 言

看巴塞罗那队踢球，既让人振奋，也需要时间来适应。我必须承认，在写这本书之前，我只是个不冷不热的巴塞罗那球迷（而现在我有巴塞罗那的球衣、海报，家里的狗也叫"巴萨"，几乎他们的每场球赛我都会看）。虽然巴塞罗那的风格让人印象深刻，但对偶尔看巴塞罗那比赛的普通观众来说却又有些沉闷。因为，看巴塞罗那踢球时，你会看到他们在漫长的比赛中总是精准地把球控制在脚下，踢法极其简单，简直令人费解，他们看上去除了想消磨对手的斗志或者让对手昏昏欲睡之外，没什么其他目的。不过，控球踢法产生的效果只是整体战术的一部分，仔细地观察和思考巴塞罗那的踢法才会发现更多值得赏析的地方。

巴塞罗那俱乐部在各个运动项目中（巴塞罗那俱乐部拥有篮球队、冰球队和其他各类运动队，并且拥有一个顶级的能提供住宿的内部培训机构——拉玛西亚）都取得了很高的成就，是一个一流的体育组织。巴塞罗那俱乐部在西甲联赛、欧冠联赛和国际足联锦标赛等比赛中取得的成绩，以及在世界杯冠军西班牙国家队中的统治地位都足以证明这支球队的成功。让观看巴塞罗那球赛的观众印象深刻的包括拒绝假摔的利昂内尔·梅西，还有不断强调要避免不必要的犯规和吃牌的主教练何塞普·佩普·瓜迪奥拉。瓜迪奥拉总是很谦逊，他把俱乐部的成功归功于球员的努力，他在临场指挥时才华横溢、信心满满，而与媒体沟通时又显得谦虚、稳重和果敢。虽然在西班牙国内，巴塞罗那俱乐部受欢迎的程度仅以微小差距落后于皇家马德里，位居第二，但是对于欧洲乃至全世界的球迷来说，巴塞罗那队在他们最喜爱的球队中也是排名第二（在各国联赛中是他们最喜爱的球队），这些都反映出了巴塞罗那队的成功和人们对这支球队的尊敬。

是什么让巴塞罗那队与众不同呢？对于普通球迷甚至是普通的巴塞罗那球迷来说，巴塞罗那式踢法的标志就是利昂内尔·梅西精彩的带球得分。诚然，梅西敏捷迅速的带球突破是巴塞罗那在西甲和欧洲比赛中脱颖而出的一个重要原因，但是巴塞罗那的核心、风格、理念和成功不是三言两语就能说明白的。安德烈斯·伊涅斯塔、哈维·埃尔南德斯、塞尔吉奥·布斯克茨、丹尼·阿尔维斯、卡莱斯·普约尔、赫拉德·皮克、维克托·巴尔德斯和 2011 年加入的塞斯克·法布雷加斯，这些球员都对球队的整体表现起到了至关重要的作用。巴塞罗那的控球节奏也许才是这支队伍真正的核心理念和特点，他们的无私和团队精神正是通过全队之间的不断传球而体现出来的。同样，巴塞罗那顽强的防守也是集体责任感的一种体现。

为了尝试捕捉巴塞罗那的精髓，本书探讨了几方面的内容，即历史、战绩、领导层、理念、人员、系统、战术。我们对战术方面的内容会做更为细致的分析，着重强调巴塞罗那在赛场上的排兵布阵，但是单单从战术方面进行探讨是不能解释为什么巴塞罗那会如此成功的。书中也为那些想让自己的球队模仿巴塞罗那踢球风格的读者提供了50多种训练方法。

巴塞罗那俱乐部主教练何塞普·佩普·瓜迪奥拉简介

巴塞罗那俱乐部主教练何塞普·佩普·瓜迪奥拉曾以球员的身份为巴塞罗那效力，并在担任主教练以后继续保持常胜的势头。1971年1月18日，瓜迪奥拉出生于圣培多尔，13岁时来到巴塞罗那著名的青训基地拉玛西亚。无论在球场上还是课堂上（他对加泰罗尼亚诗歌的热爱自那时起就表现了出来），瓜迪奥拉的表现都非常出色，并于1987年进入巴塞罗那二队。据说，当时一队的教练员约翰·克鲁伊夫观看了瓜迪奥拉在二队的比赛，半场的时候，约翰·克鲁伊夫让二队教练员把这个瘦瘦高高的前卫放到了中场中央，让他踢中场组织者的位置。瓜迪奥拉迅速地控制了比赛，从那天起就再也没离开过那个位置。

1990年，在对阵卡迪斯的比赛中，瓜迪奥拉第一次为巴塞罗那披挂上阵。作为一名极具天赋的防守型中场球员，瓜迪奥拉成为了巴塞罗那"梦之队"中的重要一员，在接下来的数年中赢得了无数奖杯。瓜迪奥拉也有幸师承约翰·克鲁伊夫、博比·罗布森爵士和路易斯·范加尔这几位足球名宿。瓜迪奥拉为巴塞罗那出场近500次，赢得了16个奖杯，并长期担任一队的队长。瓜迪奥拉是一名有天赋的运动员（却也并非天赋异禀），他在攻防对抗中都是全队中非常沉着而有智慧的组织者。瓜迪奥拉在世纪之交战绩不济之时离开了球队，之后在墨西哥和意大利联赛中又积累了很多宝贵经验，并于2006年正式退役。

2007年，瓜迪奥拉回到巴塞罗那，开始执教巴塞罗那二队，在他执教的第一个赛季球队就升级了。同年稍晚的时候，弗兰克·里杰卡尔德离开了巴塞罗那，当时若泽·穆里尼奥被认为是最有可能的继任者（实际上，最近若泽·穆里尼奥称，当时他原本会聘用瓜迪奥拉做他的助手）。出乎大多数人的意料，瓜迪奥拉却成为了巴塞罗那一队的主教练。

很明显，巴塞罗那的领导层想通过雇用瓜迪奥拉传递某种信息。瓜迪奥拉的前任里杰卡尔德是一名出色的球员，但是在教练员生涯中，他却是个喜怒无常的领导。通过启用瓜迪奥拉，俱乐部的领导层，尤其是时任俱乐部主席的霍安·拉波尔塔，从寻找国际知名教头（如穆里尼奥）转向了寻找一名本土培养的稳健、有远见又能理解俱乐部文化的教练员。

瓜迪奥拉在场上和场下的影响力说明了他具备这样的素质。首先，新官上任的瓜迪奥拉给球员们分发了一份三页纸的《行为准则》。近些年来，巴塞罗那的队员被人打上了"享乐主义"和"自私"的标签，瓜迪奥拉一直以来传递的信息就是要求队员要以队伍为重，为了让球队在国内外赛事中重回巅峰，每个队员都要尽自己最大的努力，做最多的贡献。为了增强队员的团队观念，瓜迪奥拉送走了像塞缪尔·埃托奥这样虽然高产但却刚愎自用的球员。这件事说明了瓜迪奥拉既拥有球队管理层的支持，又能够确保队员遵守纪律、规范行为。巴塞罗那队的阵容非常稳定，队员们不仅尊重还很支持瓜迪奥拉的决定。甚至像利昂内尔·梅西这样刚刚加入一队、还在成名所带来的种种诱惑中摇摆不定的队员，也立刻回应了瓜迪奥拉所提倡的以球队和比赛为重的要求。

在赛场上，瓜迪奥拉承袭了约翰·克鲁伊夫在瓜迪奥拉身为球员时代所用的方式，并进行了改良。巴塞罗那队的控球战术行云流水，让对手感到窒息，意大利传奇教练员阿列戈·萨基把巴塞罗那的战术称为"近些年来最精彩的足球战术"。巴塞罗那队在比赛中的战术非常简单，他们通过全场来回地传接球来消耗对手，在球场的宽度和深度上寻找防守漏洞，再利用这些漏洞来创造得分机会。有趣的是，瓜迪奥拉在全场都部署了中场球员，因为他明白这些球员都技术精湛，并且可以理解巴塞罗那战术中控球的重要性，从而根据战术所需要的节奏进行比赛。

瓜迪奥拉麾下的巴塞罗那队取得了骄人的战绩。瓜迪奥拉上任的第一个年头，巴塞罗那足球俱乐部就拿下了西甲联赛（连续三年夺冠）、西班牙国王杯和欧洲冠军联赛的冠军。尽管2011—2012赛季队内伤病不断，但荣誉依然在不断增加，瓜迪奥拉的队伍已经蓄势待发去争夺西班牙和欧洲赛事的桂冠（巴塞罗那已经拿下他们的第二个FIFA世俱杯冠军）。瓜迪奥拉在西班牙和欧洲开创了一个新的时代，他的领导力和战略眼光是巴塞罗那风格和成功的关键。

2011—2012 赛季：巴塞罗那一队

球衣号码	队员
1	维克托·巴尔德斯
2	丹尼·阿尔维斯·达席尔瓦
3	赫拉德·皮克
4	塞斯克·法布雷加斯
5	卡莱斯·普约尔
6	哈维·埃尔南德斯
7	大卫·比利亚
8	安德烈斯·伊涅斯塔
9	阿莱克西斯·桑切斯
10	利昂内尔·梅西
11	蒂亚戈·阿尔坎塔拉
13	何塞·平托
14	哈维尔·阿莱杭德罗·马斯切拉诺
15	塞杜·凯塔
16	塞尔吉奥·布斯克茨
17	佩德罗·罗德里克斯
19	马克斯维尔·舍雷尔
20	易卜拉欣·阿费莱
21	阿德里亚诺·科雷亚
22	埃里克·阿比达尔
24	安德鲁·丰塔斯

主教练：何塞普·佩普·瓜迪奥拉

目 录

一、巴塞罗那 4-3-3 阵型：创造力、令人窒息的进攻和顽强的防守 …… （1）

二、控球：球队进攻——模式、趋势和精彩战例 …………………… （6）

    1. 从后防线发起进攻 ……………………………………………… （6）
    2. 中场跑动：控球 ………………………………………………… （9）
    3. 中场边路转移 …………………………………………………（14）

三、前场：2011—2012 赛季精彩战例 …………………………………（17）

    1. 边路助攻取得的进球 …………………………………………（17）
    2. 中路进攻创造进球和得分机会 ………………………………（23）

四、定位球进攻 ……………………………………………………………（28）

    1. 直接任意球——快速开出 ……………………………………（28）
    2. 角球——快速短角球 …………………………………………（30）

五、训练方法：学习"巴塞罗那式"踢法 ………………………………（31）

    1. 热身 ……………………………………………………………（31）
    2. 高强度技术训练 ………………………………………………（33）
    3. 传球方式和节奏训练 …………………………………………（40）
    4. 控球 ……………………………………………………………（48）
    5. 高压防守 ………………………………………………………（65）
    6. 进攻模式 ………………………………………………………（76）
    7. 射门 ……………………………………………………………（87）

六、击败巴塞罗那 …………………………………………………………（97）

七、结论 ……………………………………………………………………（102）

一、巴塞罗那 4-3-3 阵型：创造力、令人窒息的进攻和顽强的防守

在巴塞罗那的 4-3-3 阵型中，守门员能够很好地控制后防线后的空间，并擅长用脚传球。两名中后卫固守中路，而两名边后卫则经常前插至边路空当。中场呈倒三角，其中有一名防守型前卫（核心支点）和两名富有创造性的不断前压的进攻型前卫。两名边锋通常站位靠前、拉边，伺机单独突破。由于右边锋经常前插中路，为右后卫的套边助攻创造了空间，而左路较少有这样的情形。中锋脚法细腻，喜欢回撤至中场拿球，而并非传统意义上的那种有冲击力的大个中锋。

4-3-3 阵型是巴塞罗那在 2011—2012 赛季的常用阵型，
但是由于伤病不断，这套阵容的人员很难凑齐

打法风格

巴塞罗那自己也承认非常痴迷于控球。无论是在西甲还是欧冠联赛中，巴塞罗那的控球率通常能达到80%。当被问及球队战术打法时，瓜迪奥拉非常坚定地表示："我们就是这么踢（不断地倒脚）。"这样的回答，虽听着自信，却也有些辩解的意味。对于瓜迪奥拉和巴塞罗那来说，比赛的质量和结果几乎一样重要。全队上下都相信不断地控球可以致胜，巴塞罗那在过去几年间取得的佳绩也佐证了这一点。控球是一种比较单调的战术。2~3名队员在狭小空间内不断地传球，迫使对手上前逼抢，然后再及时将球传给突然高速前插的队员。通过小范围的传切配合，可以为制造有威胁的跑位赢得一定的时间和空间。但是，也有人觉得巴塞罗那仅仅是特别享受这种小范围的传球配合。某评论员指出，本赛季观看巴塞罗那比赛的大多数人都在试图剖析其技战术，而巴塞罗那的队员和教练组真正关注的却是比赛艺术。

比赛速度

巴塞罗那的战术风格中让人钦羡的是他们对于控球的坚持，而这种打法下的比赛速度则是其风格取得成功的关键。巴塞罗那会有意识地控制比赛速度，一般来说，他们喜欢竭尽全力地将球控制在脚下，并热衷于这一速度，虽然偶尔他们也会放慢。瓜迪奥拉明白这是全队能够拖垮对手的关键所在。有时，由于喜欢在狭小的空间里完成配合而且对手还会紧逼和限制他们，看上去像是要丢球，但通常队员们却能通过更快速地传球来拖垮对手，打破高压防守。因此，明显可以看出巴塞罗那在比赛中有很多小组对抗（2对2或3对3），而巴塞罗那过人的技战术水平、跑动速度，以及积极地无球跑动使他们能够控制比赛。

控制中场，暴露两翼的进攻

4-3-3阵型的球队动力就是中场的三角组合，巴塞罗那的这个组合由布斯克茨、哈维和伊涅斯塔组成。布斯克茨头脑灵活、球风强悍、跑动能力强，是这个三角组合底部的支点。他坐镇其他队员身后，缓解他们的压力并提供支援。伊涅斯塔和哈维精力充沛、球风犀利、头脑灵活，很有创造力，似乎生来就是传接球的好手。他们两人快速跑动穿插的能力让盯人的队员感到很棘手，而且他们之间的配合也特别默契。中场除了有这样的动力组合以外，梅西也会经常出人意料地回撤，帮助组织进攻和吸引对方中场队员（巴塞罗那的边后卫经常也会这么做），这就能解释为何巴塞罗那总能控制中场了。

巴塞罗那的对手通常会让一名中后卫参与中场防守（追防），或让中场的4名球员进行压缩防守，以破坏他们的控球。

这样一来，两翼的边锋（比利亚、佩德罗等）就有单独面对一名防守队员的机会，而中场球员非常擅于调动这些边锋进入对手危险的区域。巴塞罗那也喜欢让一名边锋靠近中路站位或直接进入中场参与控球，然后让边后卫（阿尔维斯或阿比达尔）顶到边锋的位置上来。阿尔维斯看起来更像是一名边锋或边前卫，而不是一名边后卫。如果对手能够在两翼保证一定的防守支持来避免这些威胁，那么巴塞罗那的中场球员通常就能找到攻破对方防守的缝隙。

一支中场球员组成的球队

有趣的是，瓜迪奥拉手下的队员大都是中场出身，或者是球风很像中场球员。哈维·埃尔南德斯（6号）、安德烈斯·伊涅斯塔（8号）、塞斯克·法布雷加斯（4号）和塞尔吉奥·布斯克茨（16号）都是中场三角配合的主力球员，也都喜欢控球。他们和球员时代的瓜迪奥拉一样，都可担任橄榄球四分卫一样的角色，可以组织球队去控制比赛。许多其他经常坐镇前后场的巴塞罗那球员也都极擅于控球，并且经常在控球时轮换参与到中场。利昂内尔·梅西（10号）通过回撤中场拿球来给对手制造麻烦并吸引防守，从而使丹尼·阿尔维斯（2号）能够前插至边路空当。在巴塞罗那控球时，阿尔维斯和阿比达尔（22号）通常更像是边前卫。他们的站位靠前，在巴塞罗那压迫防守时，他们的站位甚至靠近中场的中央区域。阿尔维斯和阿比达尔擅于控球，且视野开阔。甚至门将维克托·巴尔德斯也热衷于通过球门前的短传来帮助球队控球。在2011—2012赛季的西班牙国家德比第一场比赛中，巴尔德斯就因为过度追求控球而在比赛开始后不久就丢了一球，但是压力之下他依然坚持以短传的方式踢球门球，并在比赛还剩下约20分钟时，帮助球队拿到了3∶1的比分，从而彻底击垮了皇家马德里队。因此，巴塞罗那的4-3-3阵型是一个强调中场控球的体系，而让这一阵型表现突出的是一群思路和球风都像中场球员的队员（无论站位如何）。

"板凳"深度

球队强大的"板凳"深度是瓜迪奥拉时代另一个显著特点。球队管理层和教练员都因此而得到称赞。他们非常清楚更换阵容和让队员得到休息的必要性，以及保持比赛节奏和球队表现的重要性。巴塞罗那的比赛任务很重，从西甲到世俱杯（于联赛中期在日本举办）都要参加，而且今年队内一直伤病不断，尤其是皮克和比利亚长期缺阵，佩德罗、阿比达尔和布斯克茨等人也都出现了伤情。由于队员和管理层的有效协调，阿尔维斯、马斯切拉诺和蒂亚戈等球员很好地填补了伤病造成的人员缺失，虽然经常是客串其他位置，但球队表现仍然保持着之前水准。这对于巴塞罗那的快节奏传球和高压防守尤为重要。瓜迪奥拉也会不时地让队内的顶级球员轮换休息，以保证他们能够在漫长的赛季中坚持下来，而且他对替补球员的信任也为其带来了切切实实的场上回报，当然同时还提振了球队的士气。

创造机会并找到第三人

巴塞罗那应该是当下最擅于创造机会并找到所谓"第三人"的球队了。从战术层面上看，第三人指的是一名无球跑动的球员。通常，在其他球员短传倒脚压缩对手防守空间时，第三人会伺机跑位，寻找空当，并在找到空当后接队友的传球。巴塞罗那的过人之处就在于跑位球员和传球球员在时机掌握上有着惊人的默契（尤其是在巴塞罗那这样的比赛速度下），而且巴塞罗那的比赛风格虽看似散漫无方，实则极具组织性，他们的跑位球员总能找到有威胁的空当和把握恰当的时机。

巴塞罗那的"虚拟9号"——10号利昂内尔·梅西

利用"虚拟9号"

瓜迪奥拉时代最为引人注目的战术创新或许就是在中锋位置上布置了一名"虚拟9号"球员。2011—2012赛季的大部分时间里，利昂内尔·梅西（10号，如上图）在4-3-3的阵型中踢的都是中锋位置，但有时塞斯克·法布雷加斯也会踢这个位置。"虚拟9号"这个术语指的是那些虽然踢中锋位置，但是却没有传统中锋特点，或与传统中锋不同的球员。传统意义上，4-3-3阵型中的中锋通常是身材高大、冲击力强的球员。传统的中锋能够拿球和传球，并在对方罚球区内通过抢点和靠身体争抢第二落点来得分。美国队的艾比·瓦姆巴赫和乌拉圭队的乌姆贝托·苏亚佐就是传统意义上的中锋。相反，梅西和法布雷加斯则更喜欢从边路的开阔空间进攻或面向球门接球。他俩的踢法更像中场球员。

梅西和法布雷加斯都是巴塞罗那中教科书式的"虚拟9号"球员。尤其是梅西，他经常回到中场拿球，然后再伺机渗透对手的防线。这种回撤拿球和变幻莫测的跑位使巴塞罗那的进攻拥有以下几个优势：

- 中锋很难被盯死。对手是否会让一名中后卫盯防"虚拟9号"球员？对手是否会让防守型中场站位靠后来拦截给"虚拟9号"球员的传球？上面两种方法均会改变和削弱对手的防守阵型。
- 中锋回撤时，中场就有了人数优势。梅西擅于突然回撤中场与布斯克茨、哈维和伊涅斯塔一同组织进攻，这就使巴塞罗那在中场似乎形成了4对2的阵势。对手的中场组合会被巴塞罗那控球的节奏和速度拖得精疲力尽。
- 通常，中锋撤回中场拿球可以帮助缓解中场对防守的压力。梅西在这方面的意识就非常好，他明白什么时候中场需要他的帮助来对付对手的高压防守。
- 在回撤拿球时，小个前锋很难在对手的防守腹地拿球后转身去面向对方的防守，而梅西这样的小个中锋却可以做到。
- 此外，一旦面对对手控球，"虚拟9号"球员的位置使他很容易将球转移给边锋，尤其在对手的中后卫盯防"虚拟9号"球员至中场而又不能阻止他转身的时候，因为对手一旦阻止他转身，其后防就会变得薄弱，防守漏洞也会更明显。
- 在梅西回撤中场拿球时，特别是当他的跑位瓦解了对方的防守阵型时，一个进攻型中前卫（或一个边锋）通常会跑动插上，深入到梅西留下的空当中。

巴塞罗那的防守：意识

瓜迪奥拉常说："我们脚下没球时是一支糟糕的球队，我们必须要控球。"这话着实不像过去三年中世界上最出色的俱乐部主教练所说。巴塞罗那团队防守的最大特点就是拼命地抢球。由于巴塞罗那在控球时站位很开（尤其是后防线），因此很容易被对手反击，而且在无球时巴塞罗那的阵型有时候看上去较零散。巴塞罗那很清楚他们所面对的威胁，所以经常看见他们在丢球后的前几秒钟会拼命地去抢球。据说，瓜迪奥拉会在训练时拿着秒表，给丢球的一队6秒钟时间去把球抢回来，这种紧迫感在巴塞罗那的比赛中表现无遗。4-3-3阵型的长处就是在丢球后，总会有一名或几名球员就地反抢。

二、控球：球队进攻——模式、趋势和精彩战例

为了更好地说明巴塞罗那的进攻，我们可以看看其惯用的进攻方式，然后再以图片的形式展示2011—2012赛季他们在进攻中的一些精彩战例。

1. 从后防线发起进攻

（1）维克托·巴尔德斯（1号）正在控球，为避免丢掉控球权，即使对手有5名球员在前场施压，他也并未开大脚。两名中后卫皮克（3号）和普约尔（5号）的站位既可以分开，也能在丢球后进行防守。左后卫阿比达尔（22号）的站位提供了一个宽阔的传球通道，而右后卫阿尔维斯（2号）的站位则比较靠前，伺机突破。巴尔德斯对控球得心应手，他经常将球传给中场后腰布斯克茨（16号）。在2011—2012赛季对阵皇家马德里的西班牙国家德比第一场比赛中，因为巴塞罗那的站位过于松散无法组织防守，巴尔德斯的短传曾导致巴塞罗那过早地丢球。但意料之中的是，巴尔德斯等球员并没有灰心丧气，他们依然在后防线上倒脚，消耗皇马锋线的体力，为中场球员创造空间。一旦有机会，他们就将球直接传给中场球员。如果布斯克茨接球后无法转身，他通常会将球传给后防线上的球员（常常是阿比达尔）来创造空间，拉开对手的防守。

后防线发起的进攻（1）：对抗高压防守

(2) 这是一个更为极端的例子：对手 6 名球员在前场向巴尔德斯（1 号）施压。一般情况下，巴尔德斯应该通过开出高球来避开施压的球员。但是，在西甲联赛和欧洲赛事中，巴尔德斯却将球横传给了普约尔（5 号）。这很危险，一旦失误，巴塞罗那的防守就会陷入被动，而且普约尔尽管进攻能力很强，却不是队中最好的传球手。而巴塞罗那球员却认为这在后场开始了一场新的小场地比赛，而他们需要做的是援助，而不是解围。因此，哈维（6 号）径直跑向普约尔，然后第一时间将球传给阿尔维斯（2 号），从而突破对手的高压防守。

后防线发起的进攻（2）：对抗高压防守

(3) 许多球队会容许巴塞罗那在后场进行配合，并通过本方后防线前压逼迫其失误。巴塞罗那惯用的应对方法是：皮克（3号）将球传给边路的阿比达尔（22号），后者通过带球创造空间。伊涅斯塔（8号）向有球方向跑动，布斯克茨（16号）则向阿比达尔身后跑动，提供保护。比利亚（7号）向内侧跑动，为阿比达尔让出边路空间，并做好接球准备。在另一个边路，阿尔维斯（2号）提前起动，而佩德罗（17号）则向场地另一边移动，以压缩对手的后防线，为阿尔维斯创造绝佳的进攻空间。在对手采用高压防守且后防线靠前时，巴塞罗那会不断地在多名队员间倒脚传球，并时刻准备利用对手因为压缩防守而出现的空当发起进攻。有意思的是，虽然在这种情况下，佩德罗和梅西（以及受伤之前的比利亚）能够通过自身的速度创造进球，但他们却很少打身后球。无论对手能力或战术如何，巴塞罗那的队员都认为他们能通过控球来拖垮对手。

后防线发起的进攻（3）：对抗高压防守和后防线靠前的防守

2. 中场跑动：控球

（1）布斯克茨（16号）、哈维（6号）和伊涅斯塔（8号）可以说是职业足球圈里最优秀的中场铁三角（可以胜任前场任何位置的塞斯克·法布雷加斯是巴塞罗那深度的最佳代表）。

发动机：中场三角

哈维·埃尔南德斯： 据说，瓜迪奥拉在第一次看过哈维的比赛后，找到他说："你会超过我的。"虽然哈维用了几年的时间去赶超瓜迪奥拉，但正如一位作家所写："哈维是巴塞罗那式足球的最好体现。"哈维无疑是当今足球界最聪明、踢得最流畅的中场球员之一。当哈维控球时，巴塞罗那表现得很冷静，而且哈维对传球时机的选择也被认为是近乎完美，并且能成功把球传到位。哈维能按照瓜迪奥拉所想的方式进行比赛，而且无论在赛场上下，内敛的哈维都是个杰出的领袖。

安德烈斯·伊涅斯塔： 当瓜迪奥拉刚注意到伊涅斯塔的时候，他对哈维说："那家伙能超过我们俩。"哈维和伊涅斯塔都是在巴塞罗那的拉玛西亚青训营中成长起来的，和哈维一样，更年轻的伊涅斯塔也是一名公认的足球天才。

- 韦恩·鲁尼："(伊涅斯塔)是当今世界上最好的球员。"
- 弗兰克·里杰卡尔德："(他)是个出色的球坛新锐。"

伊涅斯塔和哈维之间的默契异于常人，他们两人间的传球配合出神入化，似乎两人生来就是给队友传球的。他们洞察入微、技术精湛、速度惊人，让对手的防守如遭遇梦魇一般。

塞尔吉奥·布斯克茨：尽管布斯克茨在三叉戟中星光最为黯淡，但他的球风却最像主教练瓜迪奥拉。虽然他没有瓜迪奥拉那样的领导力，但他聪明、稳扎稳打的风格给具有创造力的哈维和伊涅斯塔组合起到了很好的支撑作用，也在必要时为巴塞罗那站位松散的后防线增添了攻击性。有些人觉得布斯克茨球风偏软，能在两位超级巨星身后踢球实属走运，但其实他对巴塞罗那的控球战术至关重要。布斯克茨对赛场的领悟能力和通过变换场区缓解球队压力的能力给巴塞罗那创造了很多的得分机会。他也非常擅长阻截对手传给前锋的球，还可以加入到后防线中出色地帮助球队扼杀对手的反击。

意大利传奇教练阿列戈·萨基曾说过："战术的作用就是最大化地发挥球员的能力。"巴塞罗那的中场三人组极好地印证了这一观点。战术层面上，巴塞罗那的三叉戟为全队确定了进攻方向和节奏。哈维和伊涅斯塔不懈地组织控球，在中锋身后来回跑动，在拖垮对手的同时，两人都可以寻找空当，创造得分机会。与此同时，布斯克茨作为支点球员则坐镇中场后方，在中后卫身前帮助缓解球队的压力和调动球队。

（2）巴塞罗那跑动战术中常见的方式就是伊涅斯塔（8号）和哈维（6号）之间的快速配合。如下图，在面对一个典型的中场中路防守时，伊涅斯塔先面向防守方将球传给哈维，再从防守球员中间插上，接哈维的回传球。从防守方的角度来看，如果在中场不进行紧逼防守，哈维、伊涅斯塔和布斯克茨（16号）在组织进攻时将只会面对两名防守的中场球员，而此时三叉戟中的一人（上图中是伊涅斯塔）就会充分利用对手后防和中场之间的空间。一般情况下，当对方一名后卫上抢伊涅斯塔时，他会将球传给3名锋线球员中的一人。在最理想的情况下，这时会在对手的防线上出现1对1的机会，即一名防守队员面对一名速度快、技术好、擅长1对1的巴塞罗那锋线球员。

相反，如果对手在中场采取紧逼防守，那么边路的阿比达尔（22号）和阿尔维斯（2号）就有机会从两翼突破。

哈维和伊涅斯塔联手撕开中路防守

（3）虽然巴塞罗那中场三角都是极具天赋的球员，但需要重点强调的是，正是巴塞罗那的战术安排让他们的能力得以发挥到极致。因为瓜迪奥拉打造了一支"全中场"的球队，而且希望全队一直围绕三叉戟进行比赛。这样，哈维、伊涅斯塔和布斯克茨就得到了很多触球和控球的机会。巴塞罗那战术体系的设计也突出了中场三角的天赋，即三叉戟对球队的组织和调动让全队所有位置上的球员都能参与到中场。梅西、阿尔维斯、佩德罗、比利亚、阿比达尔，甚至皮克和普约尔都会在比赛中出人意料地插入中场。这些球员一旦加入到中场，就会给三叉戟提供很多拉开和消耗对手的机会，并且也给对手盯防三叉戟造成了困难。

布斯克茨作为支点球员：哈维和伊涅斯塔撕开对方中路防守

(4) 哈维（6号）遭到紧逼，对手很好地压缩了中场的空间。为了打破对手的防守，布斯克茨（16号）上前接应哈维。同时，梅西（10号）快速回撤至中场腹地，让巴塞罗那在人数上占据优势〔阿尔维斯（2号）、布斯克茨（16号）、哈维（6号）、伊涅斯塔（8号）、梅西（10号）对阵4名防守队员〕。梅西的跑动给对手带来的另一个难题就是，如果一名防守队员追盯梅西至中场，那么比利亚（7号）和佩德罗（17号）就能在对手被拉开的防线上找到很大的空间进行跑动。此时，阿比达尔（22号）在边路可以通过突破给对手制造威胁，也可以加入到中场的控球当中，进一步打乱对手的中场防守。

布斯克茨作为支点：梅西（"虚拟9号"）回撤中场缓解压力

3. 中场边路转移

（1）因为中场边路空间较大，故边路转移是4-3-3阵型的常见战术。阿尔维斯（2号）将球传给哈维（6号），然后沿边路跑向对方中场防守队员的身后，再接哈维的斜传球，完成二过一配合。阿比达尔（22号）在场地的另一边也经常使用同样的战术。如果边后卫在边路摆脱了防守，那么对手的后防线就会面临很大的麻烦。佩德罗（17号）经常会向内侧跑动，吸引对方的边后卫追防他，如果对方边后卫没有追防，他则会跑回边路再穿插到其身后。同时，梅西（10号）则会向有球方向进行斜插，让近端的中后卫防不胜防，因为如果当近端中卫的注意力放在球上时，他就很难发现梅西在他视线盲点区域内的跑动。

边路转移：边后卫插上

（2）这个配合可以紧接着前一个配合来完成，或者通过变换场区来完成。阿尔维斯（2号）在边路有很大的空间，并朝对方的边后卫位置带球。佩德罗（17号）向内侧跑动为阿尔维斯让出带球空间，然后两人完成二过一配合，为阿尔维斯创造突破机会。哈维（6号）的站位确保他能跑向阿尔维斯的身后提供保护，梅西（10号）和比利亚（7号）则准备跑向对手防线后。由于巴塞罗那在中场的压倒性优势，他们在中场的控球在吸引和拖垮对手的防守时，可以创造很多和这种边路配合相似的进攻方式。

边路转移：与前锋通过二过一配合完成突破

（3）这个配合是巴塞罗那常用的转移进攻方法。伊涅斯塔（8号）在看到对方采用中场紧逼战术后，将球传给布斯克茨（16号），布斯克茨随即将球传向空当处，紧接着阿尔维斯（2号）前插接球。而此时，佩德罗（17号）也已经通过向中路移动压缩了对手的后防线。

变换场区：边后卫插入空当

三、前场：2011—2012赛季精彩战例

2011—2012赛季巴塞罗那通过变化多端的打法创造了许多精彩的进球。以下为一些战例，突出体现了巴塞罗那丰富多样的战术，同时也展示了其得分的一些常用战术。以下进球（包括差之毫厘的射门）分为两大类：边路助攻和中路助攻。

1. 边路助攻取得的进球

（1）巴塞罗那通过边路助攻取得的进球直接得益于他们在中场的控球。由于对手想通过在中场布置较多球员以扰乱巴塞罗那的控球，因此巴塞罗那的边卫在边路有很大的空间传球助攻。该例中，大卫·比利亚（7号）回撤中场拿球。他将球传给哈维（6号）后长距离套边。哈维再将球传给对手防线前的进攻型中前卫伊涅斯塔（8号）。伊涅斯塔传身后球给正在高速插上的比利亚，后者通过一个轻巧的挑射为巴塞罗那拔得头筹。

大卫·比利亚在对阵比利亚雷亚尔时的进球（3∶1，西甲联赛）

（2）阿尔维斯（2号）在边路带球深入，梅西（10号）提前跑向近门柱，以吸引桑托斯队的防守。哈维（6号）从后方插上，在无人防守的情况下接阿尔维斯的传中，轻松得分。

从图中可以看出，由于对手需要重点留意梅西进攻性的跑动，这往往会给巴塞罗那的其他球员留下很多进攻和射门的机会。

哈维在对阵桑托斯时的进球（4∶0，世俱杯决赛）

(3) 伊涅斯塔（8号）将球传给梅西（10号），后者运球并压缩皇马的后防线。阿尔维斯（2号）从边路高速插上至皇马防线暴露出的空当处，梅西分球给他。阿尔维斯得球后继续往球门线带球，然后将球传给法布雷加斯（4号），后者甩头攻门，打入巴塞罗那当晚比赛的第三个进球。

法布雷加斯在对阵皇家马德里时的进球（3∶1，西甲联赛）

(4)这个进球展现了巴塞罗那的板凳深度和其队员的个人能力。虽然团队的配合比个人能力更重要,但是巴塞罗那球员的个人能力依然是极具观赏性的一个看点。很少上场的右后卫蒙托亚(35号)通过套边拉开对手的防线。替补前锋库恩卡(39号)适时地插入到底线附近,在蒙托亚的渗透性传球将要出球门线前接到了球。库恩萨将球传给佩德罗(17号),后者通过一个漂亮的脚后跟进球打入了巴塞罗那当天比赛的第三个进球。

佩德罗在对阵鲍里索夫时的进球(4:0,欧洲冠军联赛)

(5) 巴塞罗那在中场的几脚传球让奥萨苏纳的中场和后防站位缩紧，此时，哈维（6号）将球塞给了在边路伺机已久、择时插上的阿尔维斯（2号）。阿尔维斯用头将球停了下来，然后向球门线带球。接着，阿尔维斯将球传给从中路高速插上的梅西（10号），后者轻推射门得分，以8∶0的大比分血洗对手。

梅西在对阵奥萨苏纳时的进球（8∶0，西甲联赛）

利昂内尔·梅西：作为2009、2010、2011连续3年的金球奖得主，梅西在2011赛季的71场比赛中为巴塞罗那和阿根廷国家队打入了61粒进球。他是巴塞罗那最受瞩目的球星，他在密集防守下的带球突破常常让人看得热血沸腾。梅西登上世界足球之巅的坎坷道路更是令人动容。梅西出生在阿根廷，孩提时的他身材非常瘦小，为了让他在长大成人后能有一个正常的身高，家里一直想让他接受激素治疗（但却负担不起）。可是，除巴塞罗那外，没有一个阿根廷的足球俱乐部愿意资助梅西接受治疗。因此，梅西一家搬去了西班牙，并进入了巴塞罗那著名的寄宿制学校拉玛西亚足球学校接受训练。当地人注意到，梅西现在还经常回到拉玛西亚，他的故事也证明了关爱和信心能给一个孩子带来什么。来到拉玛西亚后，梅西的身高稍长了一些，也练就了在密集防守中出色的带球能力。梅西因为个子矮、重心低，因而在跑动中比大个子的对手更容易变向，而且他在带球时总能很好地控制住球。梅西也是当今足坛上最为灵动的射门高手之一。

"他（梅西）做到了人球合一，这让他与众不同。"——迭戈·马拉多纳

如今，梅西不仅仅是世界上带球突破最有威胁的球员，还是巴塞罗那能给对手制造盯人困难的主要原因。当梅西（在踢"虚拟9号"位置时）回撤中场时，他常常会吸引对方一名防守队员的盯防，因此巴塞罗那的进攻型中前卫在向梅西撤出的空当跑动时才更有威胁。同样，当梅西向无球区域跑动时，他会吸引对方中后卫的注意力，为同伴的前插和射门创造机会。最后，当梅西带球时，由于对手会紧逼追抢带球的梅西，法布雷加斯、比利亚、伊涅斯塔、哈维、阿尔维斯和佩德罗等人会有更多的空间来跑位，因为他们知道梅西即使单枪匹马也能突破防守。因此，梅西的参与和天赋让巴塞罗那的战术效率得以倍增，也让他的队友有更多空间来进行跑位。

2. 中路进攻创造进球和得分机会

（1）该例中，巴塞罗那首先给对手施压，造成对手中场失误。哈维（6号）在抢球后，将球快速塞给了回撤的法布雷加斯（4号）。法布雷加斯灵敏的判断和精湛的脚下技术使其快速地送给了梅西一记完美的助攻，让后者带球射门得分。

梅西在对阵奥萨苏纳时的进球（8∶0，西甲联赛）

(2) 巴塞罗那在密集防守下的中场区域能通过一连串的1~2脚传球进行出色配合。佩德罗（17号）带球跑动至边路，然后将球回传给切入的阿尔维斯（2号）。阿尔维斯和梅西（10号）做了几次1~2脚传球配合，迫使对手对梅西的防守全盘瓦解。梅西的最后一脚传球把阿尔维斯领入了罚球区，后者射门，但高出了横梁。这个差之毫厘的射门很好地展现了巴塞罗那的战术，在拉开对手防线宽度后，通过快速的一脚传递配合和积极的无球跑动撕开对手的防线。

阿尔维斯在对阵皮尔森时差之毫厘的射门（3∶0，欧冠联赛）

（3）在中场不断地倒脚传递后，伊涅斯塔（8号）将球传给了罚球区附近的梅西（10号）。梅西紧接着又将球踢还给了伊涅斯塔。然后两人又完成了第二次 1~2 脚传球配合，最后伊涅斯塔用一记精彩的凌空抽射破门得分。这个进球展现了巴塞罗那的进攻节奏和队员出色的个人能力。

伊涅斯塔在对阵皮尔森时的进球（3∶0，欧冠联赛）

（4）要防守踢"虚拟9号"位置的梅西，主要难在他可以在任何位置带球突破，而且当他开始带球跑动时，总能吸引一群防守队员。在2011—2012赛季第三场国家德比战中，梅西带球奔向皇马的后防线，让皇马的3名防守队员为了阻截梅西而丢了本应该盯防的其他球员。也许梅西诸多天赋中最被低估的就是他对赛场的出色判断能力。在被对方防守队员紧逼时，梅西出色地控制住了球，并将球准确地推给了左路空当的阿比达尔（22号），后者拿球射门得分，为巴塞罗那取得了1∶0的领先。

阿比达尔在对阵皇家马德里时的进球（2∶2，西班牙国王杯）

（5）哈维·埃尔南德斯（6号）在对阵 AC 米兰时打入的致胜球直接归功于梅西（10号）带球突破创造的威胁。梅西带球奔向 AC 米兰精疲力尽的后防线，吸引了众多防守队员的注意力，紧接着他将球传给了哈维，后者适时地插入到对方防守队员身后，将球送入网窝，确保了巴塞罗那成功晋级下一轮。

哈维在对阵 AC 米兰时的进球（3∶2，欧洲冠军联赛）

四、定位球进攻

由于巴塞罗那球员的身材不够高大,他们很少直接将球传入罚球区,然后在门前安排球员抢点。通常巴塞罗那会快速开出球,通过球员间的不断倒脚将球送入球门区,或者重新开始控球来拖垮对手。

1. 直接任意球——快速开出

(1) 第58分钟,巴塞罗那在距球门35码(1码=0.9144米,下同)处获得了一个任意球。哈维(6号)快速将球传给了梅西,后者转身将球传给了佩德罗(17号)。佩德罗和梅西完成了一次1~2脚传球配合后,梅西又将球传回给了佩德罗。然后,佩德罗把球塞给了跑动到比利亚雷亚尔防线身后的梅西,后者射门得分。快速开出任意球后的几次短促的1~2脚传球配合,撕开了毫无准备的比利亚雷亚尔队的防线,为梅西创造了射门的空间。

巴塞罗那对阵比利亚雷亚尔(3∶1,西甲联赛)

(2) 世俱杯半决赛 81 分钟，巴塞罗那在 30 码处赢得了一个任意球。替补左后卫马克斯维尔（19 号）将球回传给了蒂亚戈（11 号）。阿尔萨德的防守球员反应迅速，上前封堵。与此同时，马克斯维尔绕开防守插入到防线身后，此时蒂亚戈巧妙地将球传给了他。马克斯维尔把球捅入了球门近角，为巴塞罗那取得了当晚第四个进球。取得这个进球的关键在于任意球的快速开出，以及蒂亚戈和马克斯维尔之间的默契配合，而马克斯维尔在开出任意球后无人盯防。

马克斯维尔在对阵阿尔萨德时通过任意球的得分（4∶0，世俱杯半决赛）

2. 角球——快速短角球

比赛第 27 分钟，巴塞罗那赢得角球。哈维（6 号）快速将球传到梅西（10 号）脚下，紧接着梅西又将球传给了比利亚（7 号），后者随即又回传给了梅西。梅西接着将球传给后门柱的阿比达尔（22 号），后者的头球击中了横梁。尽管这次配合没能取得进球，但它体现了巴塞罗那对解决自身身材相对矮小这一劣势的对策。梅西、哈维和比利亚 3 人在角球区附近的三脚传递吸引了多名对方球员上前防守，导致远端门柱出现了防守漏洞，而球也适时地传给了从后面插上的阿比达尔。

巴塞罗那对阵奥萨苏纳（8：0，西甲联赛）

五、训练方法：学习"巴塞罗那式"踢法

此内容是从对巴塞罗那训练的长期观察与效仿其战术风格的训练中总结而来。尤其是对热身、高强度技术训练、传球方式、控球、高压防守、进攻套路和射门这几方面进行了细致研究。训练内容不是按照完整训练课程的方式分类，而是按主题分类方式展现，旨在方便教练员选择与整合适合自己的训练元素。

1. 热身

(1) 巴塞罗那的赛前热身

巴塞罗那采用一种简单的、非正式的圆圈式热身，旨在强调团队精神，使每名球员都做好比赛的准备。球员面对面站成一个小圈，转身慢跑（约15码）后，跑回原位。热身时始终保持这个队形，但在圆圈扩大和缩小的同时需要完成以下动作：

- 小步跑。
- 高抬腿跑。
- 折返跑。
- 唱歌。
- 由里向外活动膝关节。
- 由外向里活动膝关节。
- 3/4 速度的冲刺或倒退跑。
- 重复或增加个人动作（如跳起头顶球等）。

(2) 5 对 2   10×10 码区域

这是巴塞罗那的主要热身项目，特点是为在逼抢情况下快速一脚出球。2 名防守球员站在由 5~7 名进攻球员围成的圆圈中。进攻球员需要通过 1~2 脚传递保持控球。防守球员需要抢到球或将球碰出圈外。丢球的进攻球员要与导致其失误的防守球员互换角色。

变换形式：

- 球员在传球后必须跑动到圆圈上的新位置。该模式旨在训练球员传球后跑位，并通过位置变化使进攻球员不断改变传球角度，同时也增加了训练中球员的活动量和压力。
- 要求进攻球员在训练过程中缩小圆圈的范围。该变化对进攻球员的控球能力提出了更高要求。
- 队员排成两个圆圈，同时进行训练，防守球员在两队间轮流防守。进攻球员要记下传球次数，力争获得最高分。每隔 1 分钟轮换防守球员，以保证高压防守。
- 全部要求一脚出球。这一要求似乎是巴塞罗那成立以来的一贯标准，强调球员在场上的传球、视野和速度。
- 全部为空中球。这是一种先进高效且具有挑战性的方式，鼓励队员在空中球的挑战下思考控球。

2. 高强度技术训练

(1) 3人持两球向1人供球练习　10×10码区域

3名供球人（其中两名持球）轮流将球传给进攻球员，后者接球后第一时间将球传给无球的供球人（每次传球后轮换）。该模式旨在训练接球队员根据训练流程快速将球传出。

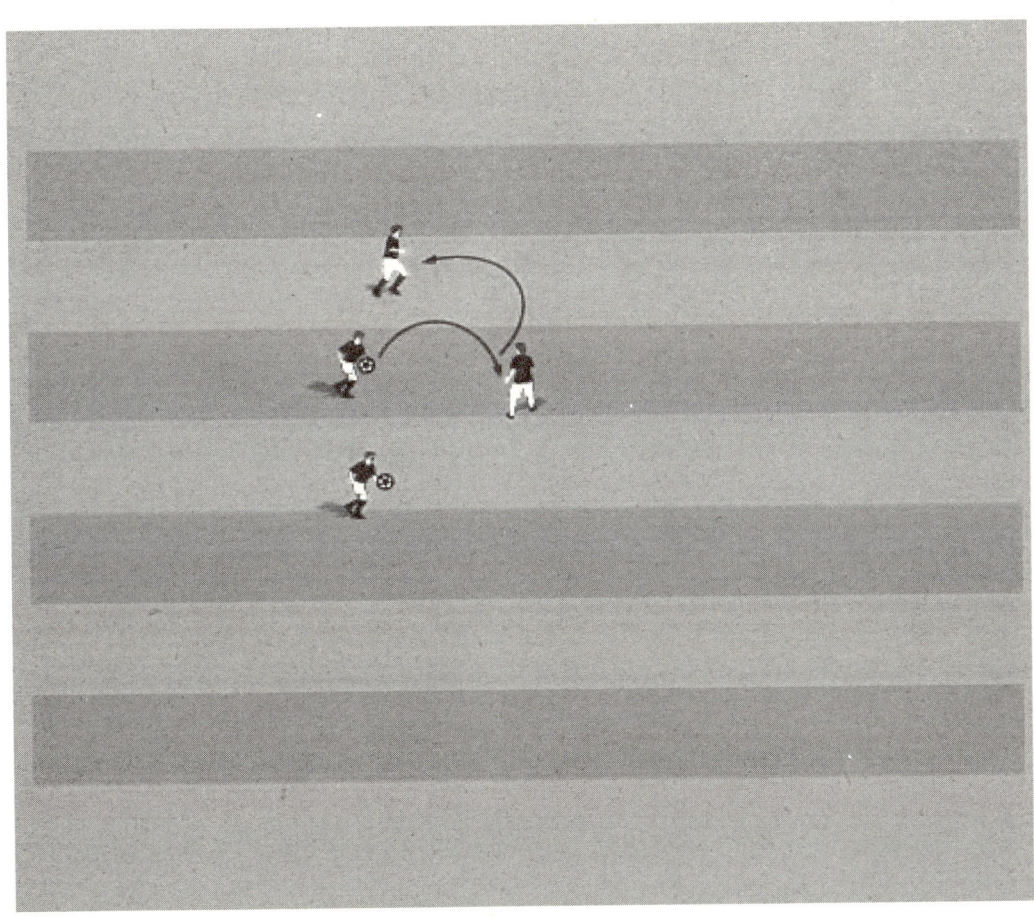

进阶训练：
- 进攻球员接低平球后随即凌空回传给无球的供球人。
- 进攻球员接低平球后通过两次触球停空中球（发球高度应在胸部或大腿高度）。
- 进攻球员接空中球直接用头顶球传给无球供球人。

(2) 两人一组两脚传球练习　10×5 码区域

两名球员一组，每组两个球。球员同时接球并传球。两名球员均用左脚接球、右脚传球。在常规传球路线中进行接传球换脚，要求球员努力在触球瞬间迅速调整来球角度，使其在狭小空间内进行思考，并为两脚传球做好准备。

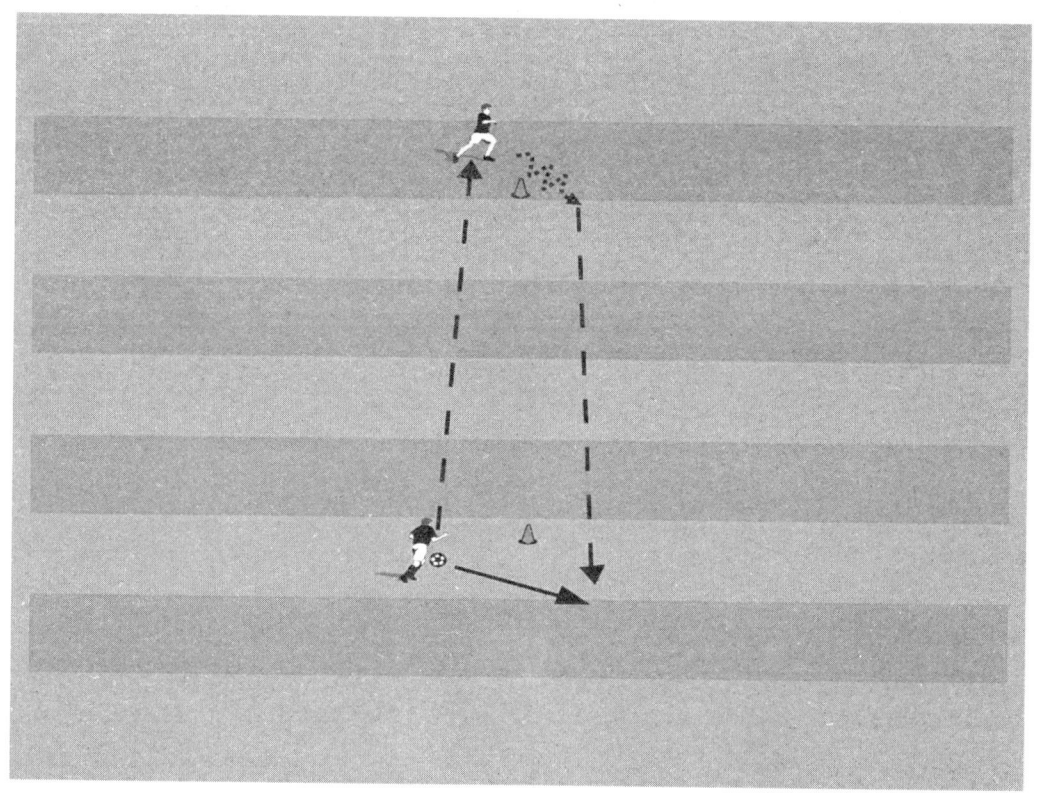

变换形式：

- 新人先用一个球练习。
- 右脚停球、左脚传球。
- 记录 1 分钟内的传球次数。看看哪一组传球次数最多。该竞赛给球员在技术层面上又增加了时间压力。
- 一名球员传地滚球，另一名球员将球垫起并传回。接到回传球的球员将球迅速停好后重复之前的动作。两名球员每隔 1 分钟互换角色。记录传球次数并和其他组进行比较。

(3) 方格对角线传球练习　10×10 码区域

划出足够多的方格，两人一组进行训练。以其中一组练习为例。球员分别站在方格的两个对角处（见下图）。一名球员持球，将球斜传给队友，接球者一脚触球将球沿直线回传给已经跑到场地另一角的同伴。球员在每次传球后都要跑到他那侧场地的另一角，以保证一名球员总是直传而另一名球员总是斜传。

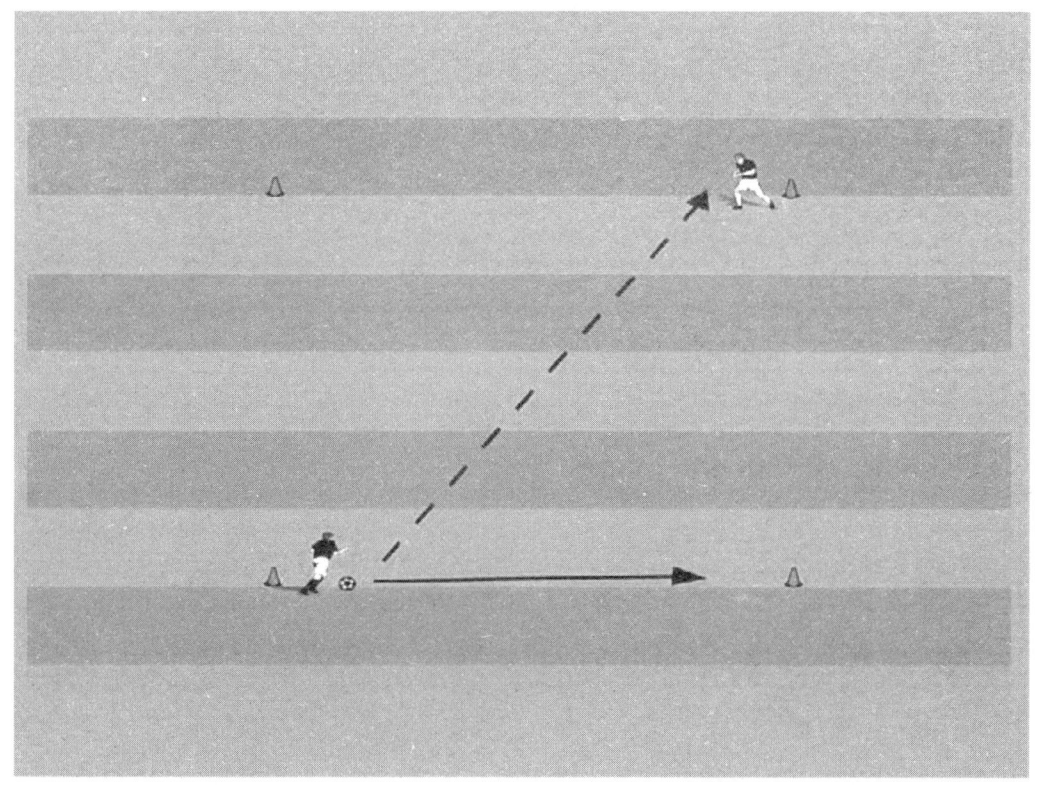

训练提示：

● 让球员往预定位置跑旨在训练球员向移动目标传球。这在训练中比较容易实现，因为球员跑动的位置是固定的，不过由于需要考量时机因素，这也要求球员学会掌控节奏。

● 传球速度很关键。如果传球力度过大或时机过早，训练就会中断。如果传球力度不够或时机过晚，同伴就需要等球。因此，教练员必须让球员掌握合适的传球节奏。

● 接球后的准备工作也很重要。球员必须在接球后为接下来的传球路线做好准备。停球要很到位，这样接下来的传球才能一气呵成。

● 每训练 2 分钟，让球员互换一次角色（直传斜传互换练习）。

● 在第二轮练习中要求球员尽量一脚传球。球员需要稍微控制球速，以保证同伴的跑动时间。

(4) 圆圈内传球练习（两个球） 15×15 码区域

分两组，每组 7 人。每组两个球。两名进攻球员持球站在圆圈中央。教练员示意训练开始，两名持球球员同时向站在外围的同伴传球，然后跑动接另一个球。外围球员之间并不互相传球，但要与圈内的球员在传球前有口头和眼神的交流。鼓励球员加快传球节奏（1~2 脚触球），圈内的球员要特别注意转身。外围球员传球前要喊"转身！"。每分钟轮换圈内的球员。

变换形式：

- 外围球员在每次向圈内球员传球后必须绕圈跑到新的位置。该训练要求球员在传球后积极跑动，并不断调整站位。
- 外围球员在向圈内传球时可以喊"接球！"。在听到这样的提示后，接球队员应当用靠近传球队员的那只脚的外侧接球（护球），然后再将球回传给传球队员。

(5) 5人快速传球练习　12×20码区域

每个方形区域5人一组，每组1个球。每个角站一名球员，从其中一个角开始传球。该训练需要快速移动能力。1号球员将球直传给2号。同时，3号球员先跑开，然后再跑向2号，接他传来的球。3号接球后转身，将球传给场地远端的4号或5号球员，然后立即和1号或2号球员互换位置。在换位的同时，4号球员将球直传给5号，然后从5号球员处重复以上步骤。

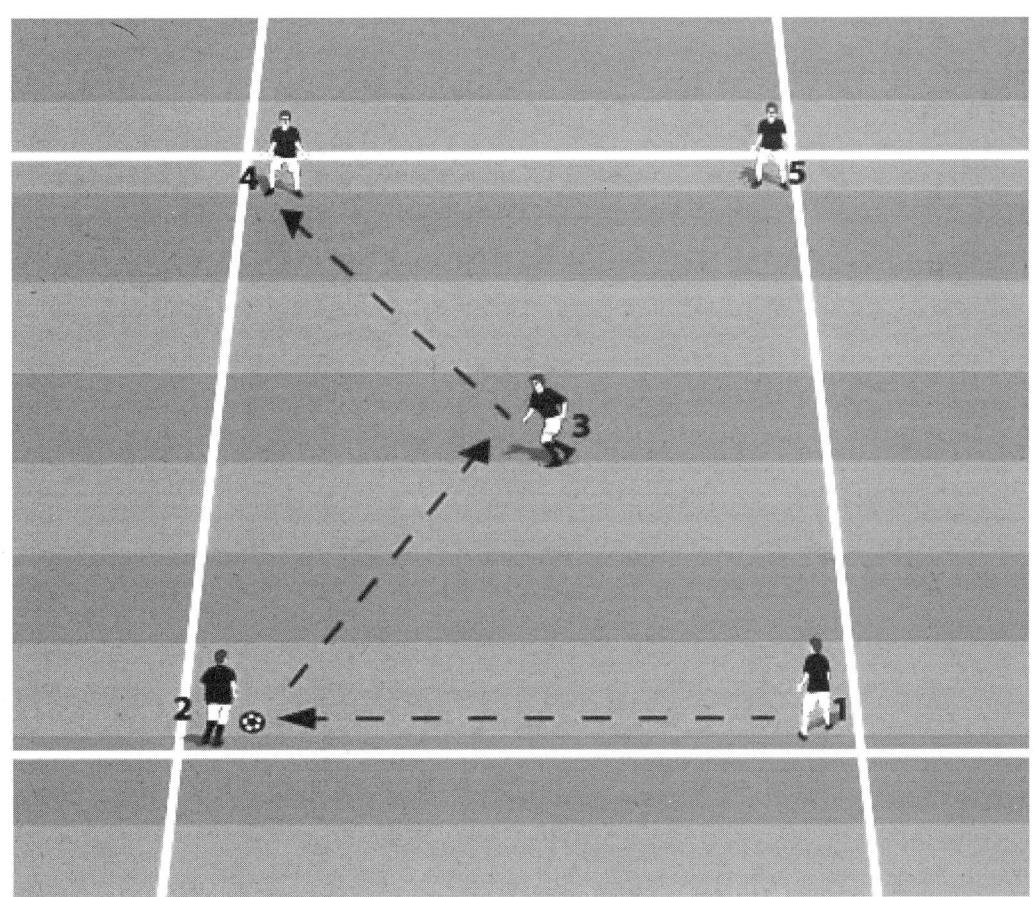

进阶练习：

- 在中间区域增加 1 名球员。通过增加这名球员，教练员可在此训练基础上做不同变化，以增加战术难度。
- 可以将球传给中间区域两名球员中的任一名，练习内容不变。
- 球必须传给距自己较远的那名中间区域球员，该球员接球后将球传给另一名中间区域球员，后者再将球传给场地远端的球员。

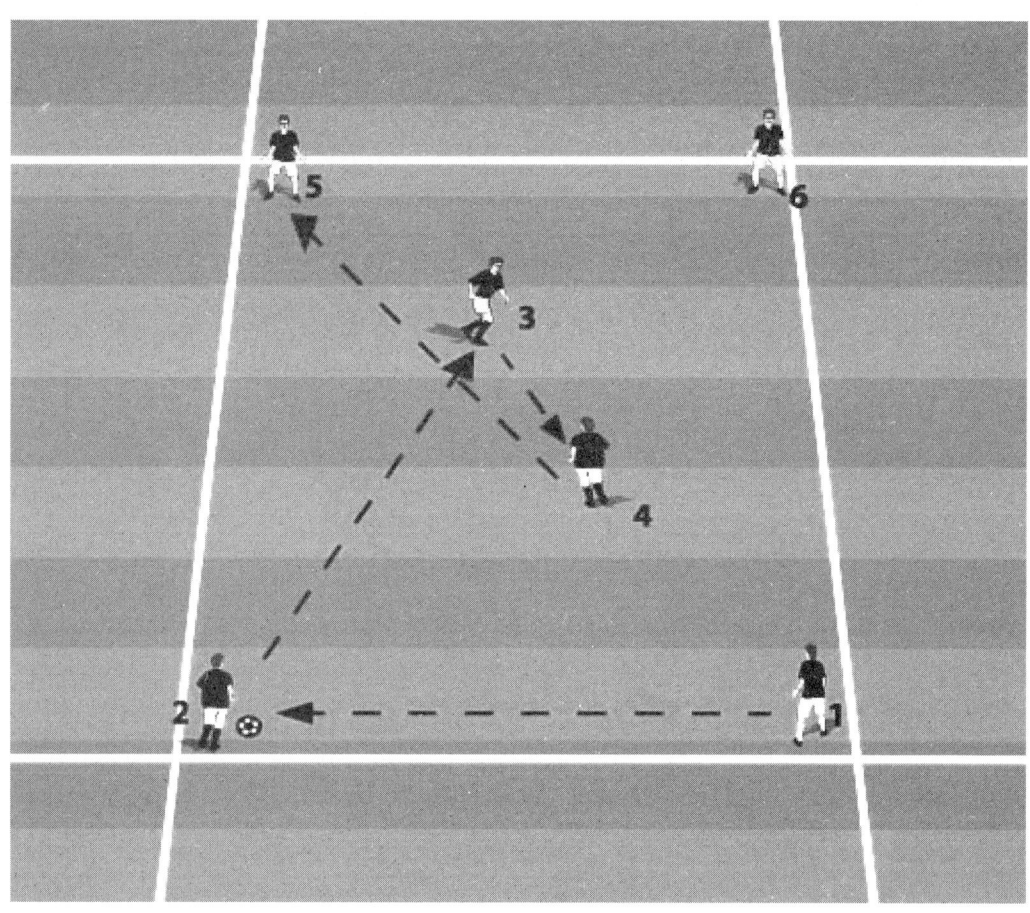

(6) 长传体能练习　10×10 码区域

巴塞罗那通过出色的控球及快速的场内调动来打乱对手阵型并将其拖垮。这种打法的一个缺点便是在长传后需要提供支援。该训练就是针对这个需求设计的。4 人一组，用一个球进行训练。其中一名球员（4 号）站在一个 10×10 码的区域内，其他 3 名球员站在另一个 10×10 码的区域内。两个区域间隔约 25 码（根据球员能力调整，如图）。以一组为例：在有 3 名球员的区域内，指定 1 名球员单独进行被动防守（2 号）。防守球员以正常速度上前抢球，其他两名球员（1 号和 3 号）至少互相传球 3 次后再将球长传给远端另一个区域内的同伴。球传到另一个区域后，传球的这名球员（1 号）留在本区域内，而进攻球员（3 号）和防守球员（2 号）快速跑动至远端区域。较晚跑到远端区域的球员成为防守球员，而另外两名则为进攻球员。进攻球员在区域内完成 3 次传球，防守球员被动防守。然后进行长传，重复之前训练。球员在训练开始前要清楚训练过程中进攻与防守角色的转换，这非常关键。这项训练是针对长传球的练习，重点在训练换场后的控球，同时通过频繁的短距离冲刺锻炼球员的体能。每组训练 5 分钟。

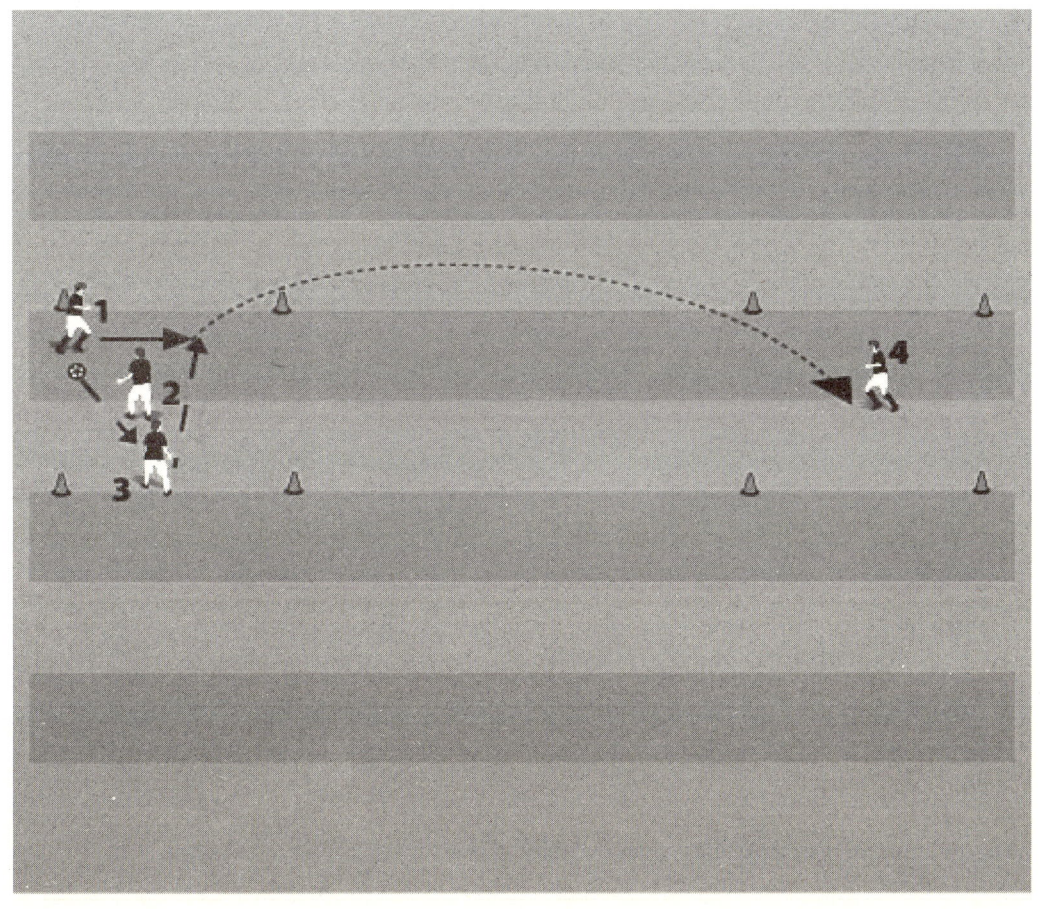

3. 传球方式和节奏训练

（1）菱形传球练习（a） 6×6 码区域

球员按照图示方法练习传球，重点练习传接球技术。传球要精确到接球队员的传球脚位置，接球队员也要提前做好接球准备。鼓励球员提前调整身体位置以便接球，并当球接近时向出球方向移动。该练习对训练球员的节奏、动作速度，以及提高传球质量效果显著。

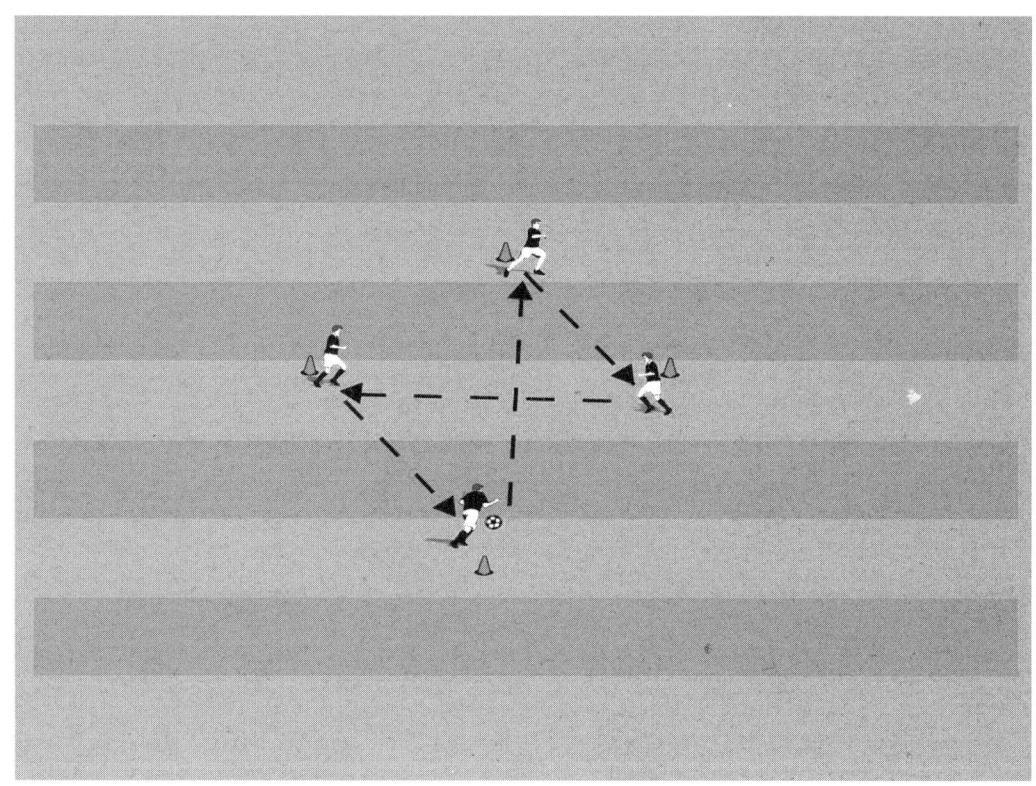

进阶训练：

- 全部要求一脚出球。
- 第一次传球后改变传球脚。
- 空中传球。此要求难度较大，但有利于训练球员传球的方向感和空中控球的能力。

（2）菱形传球练习（b） 10×15 码区域

2号球员佯装跑位后折回接球。1号球员将球传给2号，后者将球回传给1号，1号再将球传给3号。1号和2号均向前移动一个标志桶。4号球员佯装跑位后折回接球，重复之前传球方式进行练习。

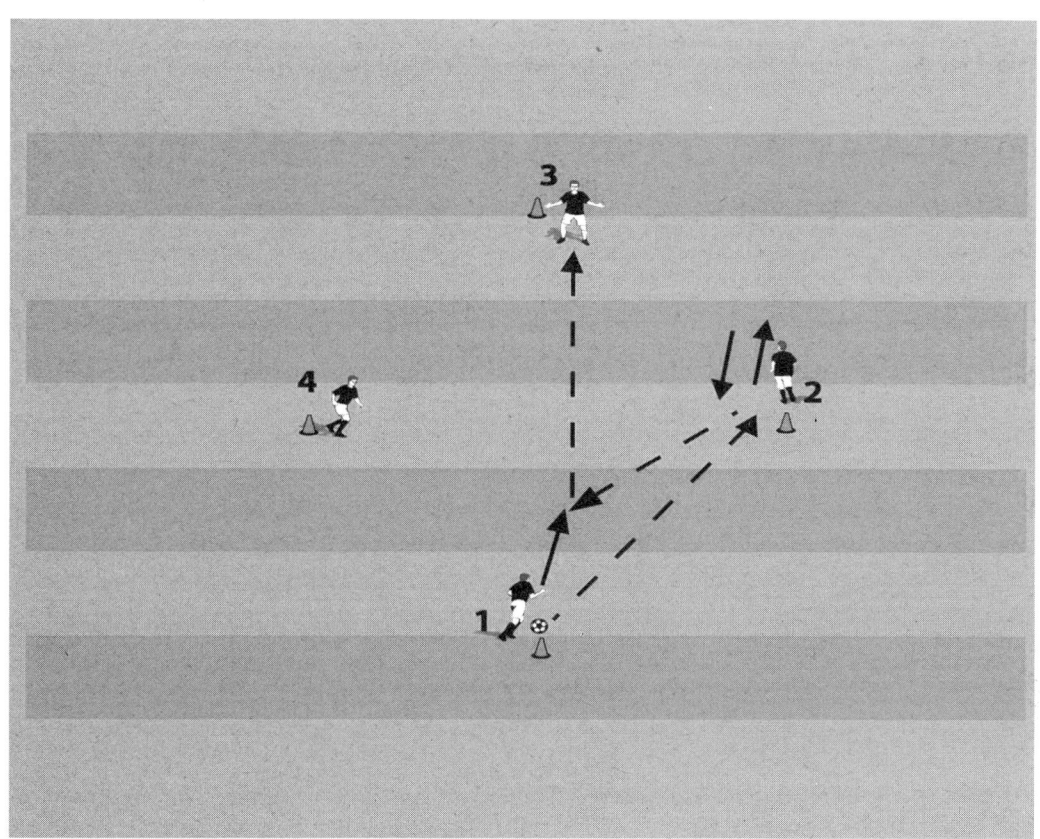

变换形式：

- 2号球员佯装跑位后折回接球。1号球员将球传给2号，后者将球回传给上前的1号球员。同时，2号球员跑向其起始标志桶后的空位。1号球员停球后将球直传给2号，2号再将球过渡给3号。1号和2号球员均向前移动一个标志桶。4号球员佯装跑位后折回接球，重复之前传球方式练习。

(3)"Y"型运动传球练习　10×20 码区域

该练习是典型的巴塞罗那式传球方式练习，包括佯装跑位、渗透性传球和短传配合。2 号球员佯装跑位，然后折返跑向 1 号。1 号将球传给 2 号，2 号又将球斜传给 1 号。接着 1 号将球传给 3 号。3 号快速带球至起始点，将球传给 5 号，开始新一轮练习（向 4 号球员所在区域运动）。当球员逐渐掌握传球节奏后，鼓励他们尽可能做到一脚传球。每次练习结束后，每名球员向前移动一个标志桶。

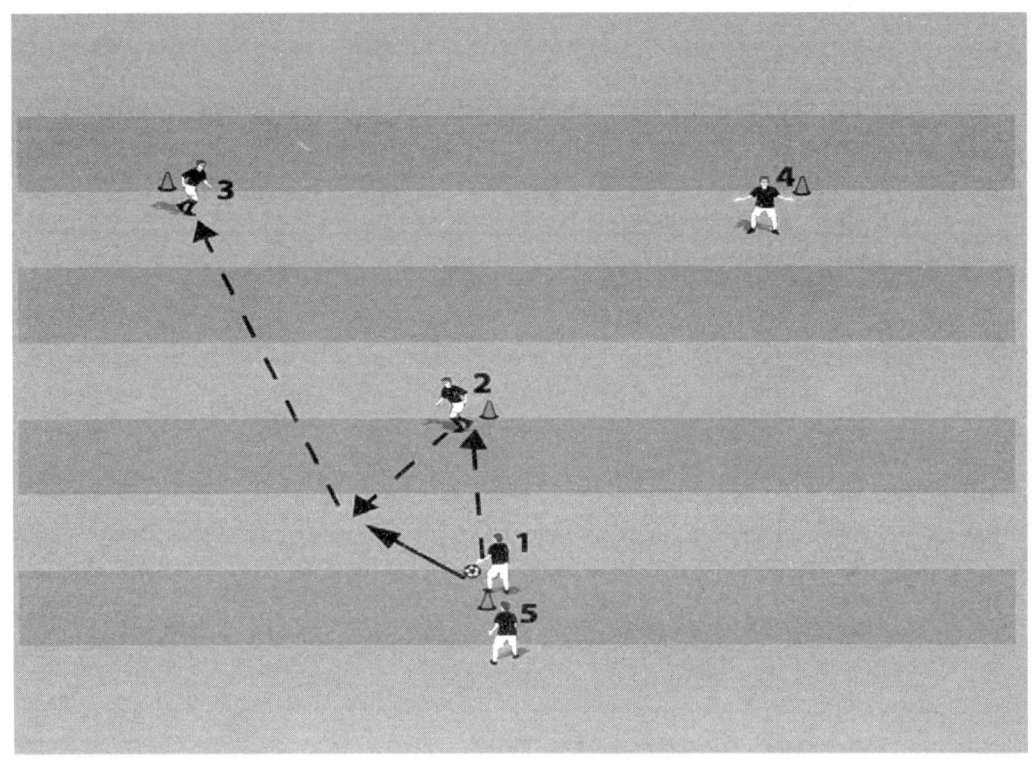

变换形式：

● 当球传到"Y"型顶端后，接球球员第一时间将球传回起始点。

● 2 号球员佯装跑位，然后折回接球。接到 1 号球员的传球后第一时间回传。1 号再将球传给 3 号，并向传球方向跑动。与此同时，3 号和 2 号球员做一个 1~2 脚传接配合。3 号球员将球传给在起点处的 5 号球员时，每名球员向前移动一个标志桶。练习在 4 号球员方向继续进行。

● 2 号球员佯装跑位至右侧（4 号方向）。1 号球员将球传给 2 号，2 号第一时间将球传给 3 号。3 号快速带球回到起始点，练习朝另一方向重复进行。每次练习结束后，每名球员向前移动一个标志桶。由于 2 号球员需要背向拿球并一脚直传给 3 号，因而该练习对许多球员而言有很大挑战性。

(4) 传球模式　1/3 场地

该练习与上述"Y"型传球练习相似，但可以更高效地为更多球员提供助攻，且在最高级的进阶练习中加入了套边练习。4-3-3 阵型本身及其变化就是针对带球向前推进与配合而设计的。下述基本模式与两种变化模式对培养球员的方向感与节奏感有很大帮助。2 号球员佯装跑位然后转身跑向 1 号，后者传脚下球给 2 号。2 号将球回传给 1 号，1 号又传给 3 号。3 号带球迅速回到起点。每次练习结束后，每名球员向前移动一个标志桶。

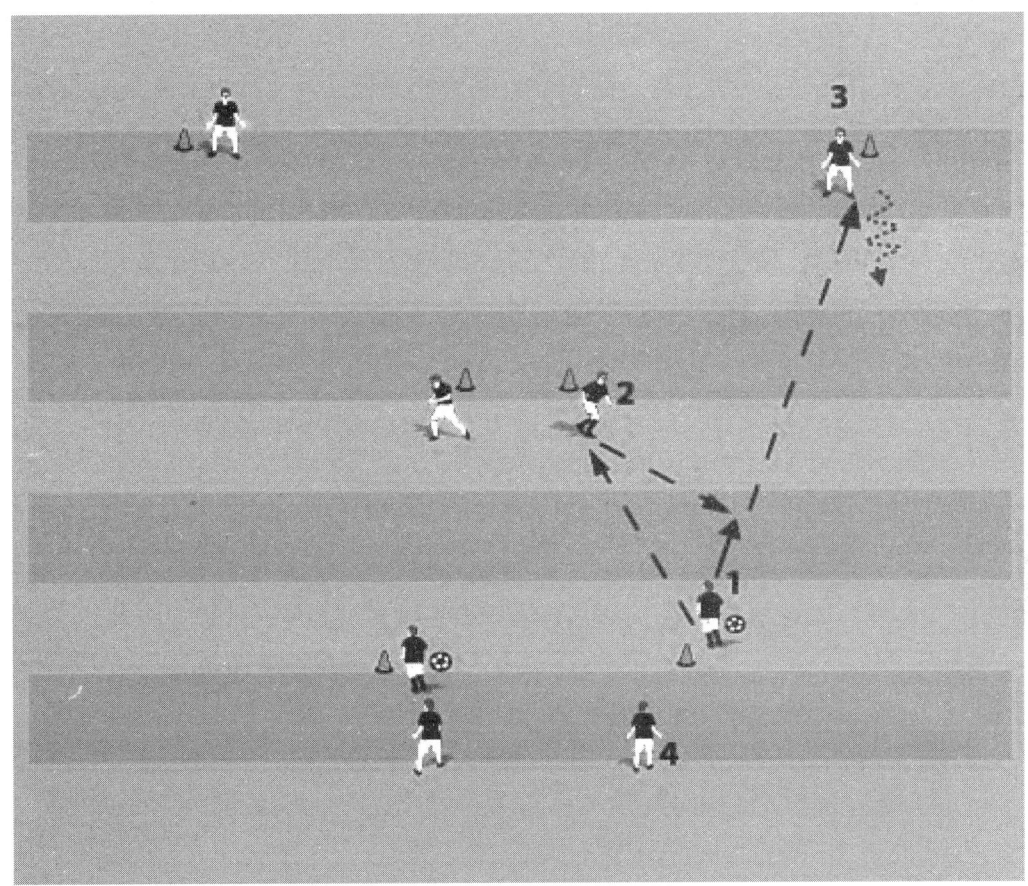

教练指导：

- 每次传球前都要进行一次佯装跑位。
- 尽量一脚传球。
- 强调传球速度与技术质量。
- 接到长传的球员快速将球带回练习起点。一次练习结束后，每名球员向前移动一个标志桶。

变换形式：

- 最后的传球必须为空中传球，且停球要干净利落。

进阶训练：
- 接到长传后增加一次 1~2 脚传球配合，如图所示。

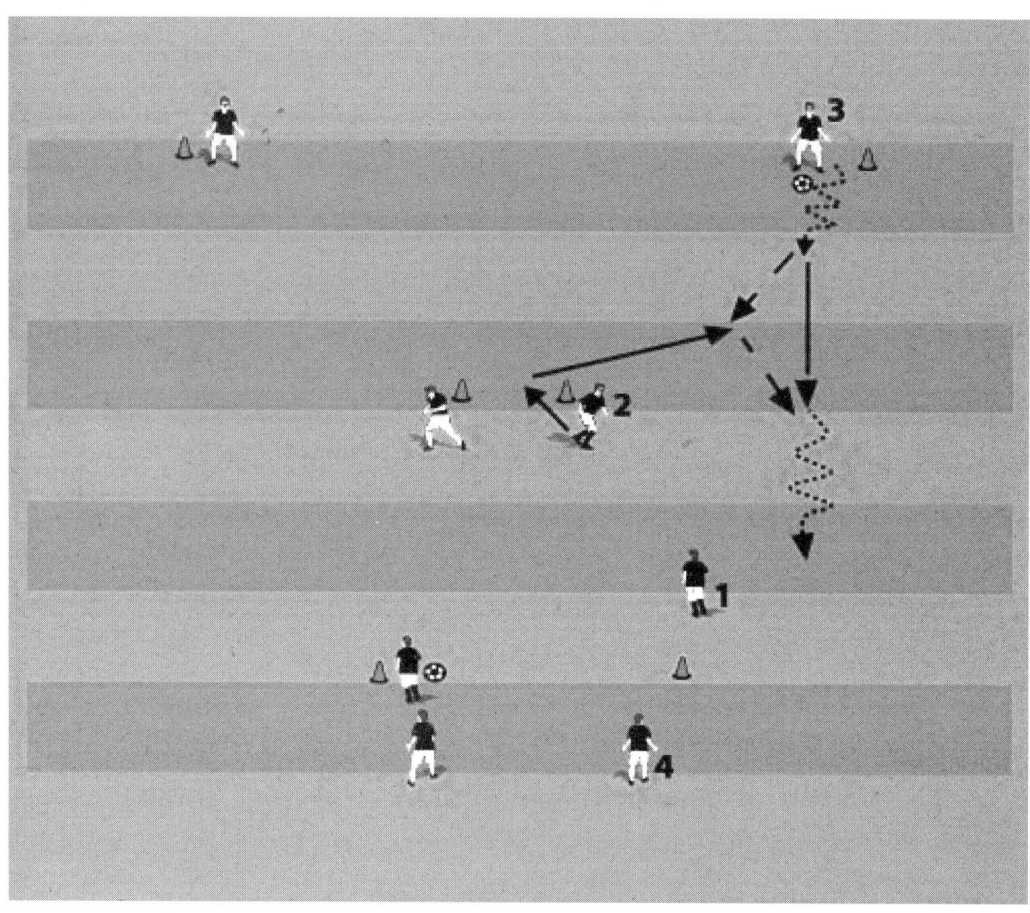

- 练习结束前加入一次套边练习。注意，该变化改变了球员的接球顺序（从1号到3号再到2号）。

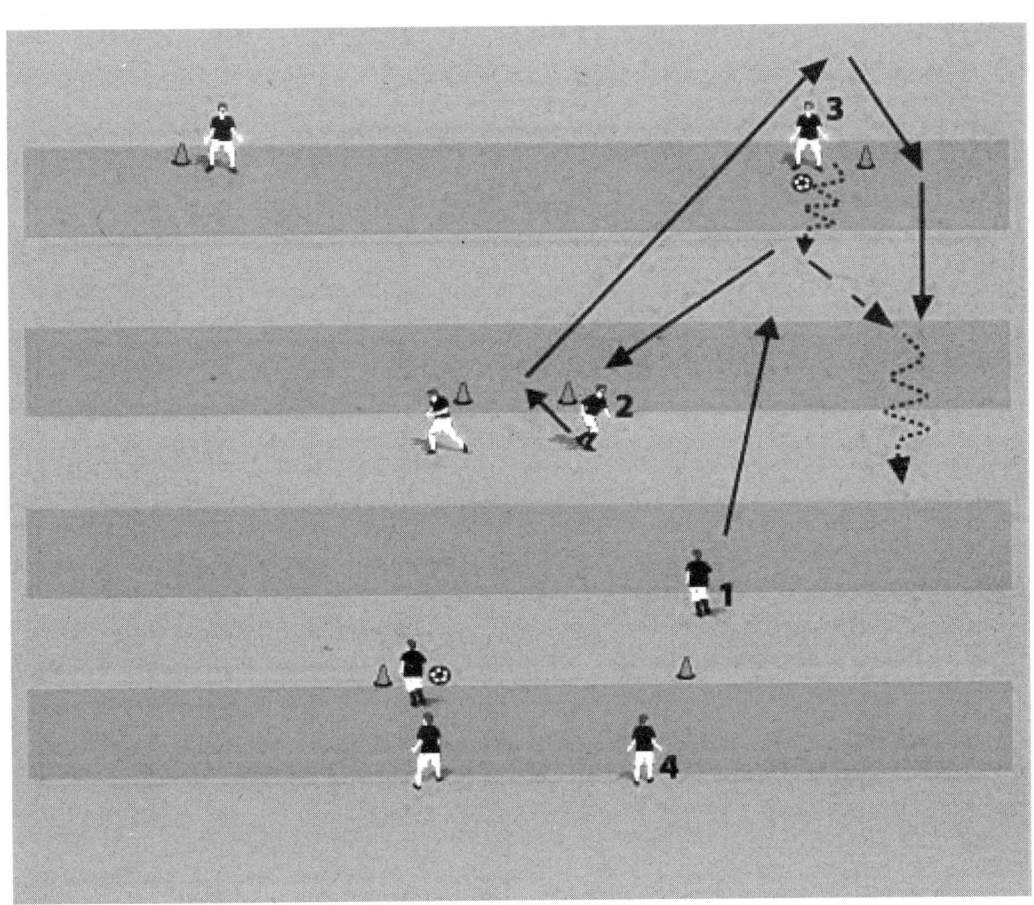

(5) 三角传球练习　15×15 码区域

这是荷兰式传球方式中的一种，在巴塞罗那中场控球中得到了突出体现。1号球员先佯装跑位再向球跑动，2号球员将球传向1号前方，1号上前并传球给2号，然后转身跑向边路。2号将球传给3号，然后向前移动一个标志桶。3号球员将球传给斜插的1号，然后跑向边路转身，接1号传球并带球跑向练习开始处，交给4号球员，重复以上练习。该练习既能够提高球员的速度、无球跑动、场上交流和快速一脚传球，也可以帮助球员习惯在快速传接球的情况下进行相互配合。

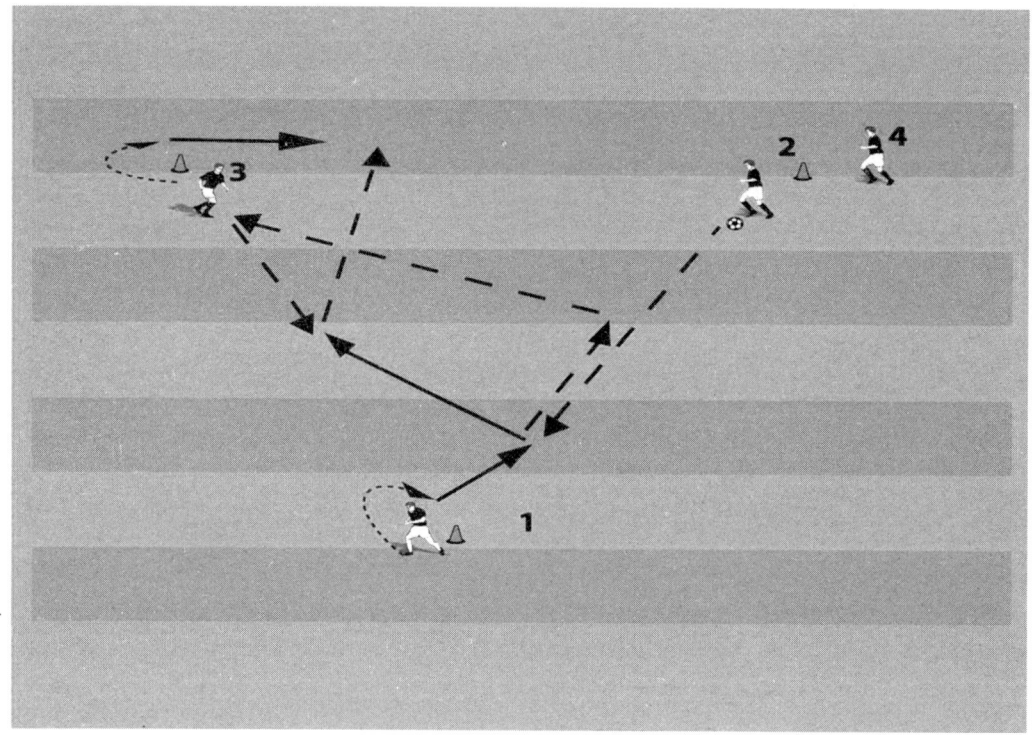

(6) 矩形方式传球练习　15×25 码区域

该练习包括佯装跑位、渗透传球、回传球，以及长传球的重复练习，反映了巴塞罗那在中场精确穿越传球前的一系列传接配合。在练习中，加入了一些长传球后的配合打法，提高了球员无球跑动和迎球跑动的能力。2号球员佯装跑开再折回接球。1号球员将球传给2号，2号将球回敲至1号球员前方空位。1号球员上前直接将球长传给3号。1号和2号球员各自向前移动一个标志桶。与此同时，3号球员快速将球带回训练开始处。同时在场地的另一边由另一组进行同样的练习。在球员熟悉训练内容后，鼓励球员尽可能多地采用一脚传球，并在训练全程中保持一定的速度。

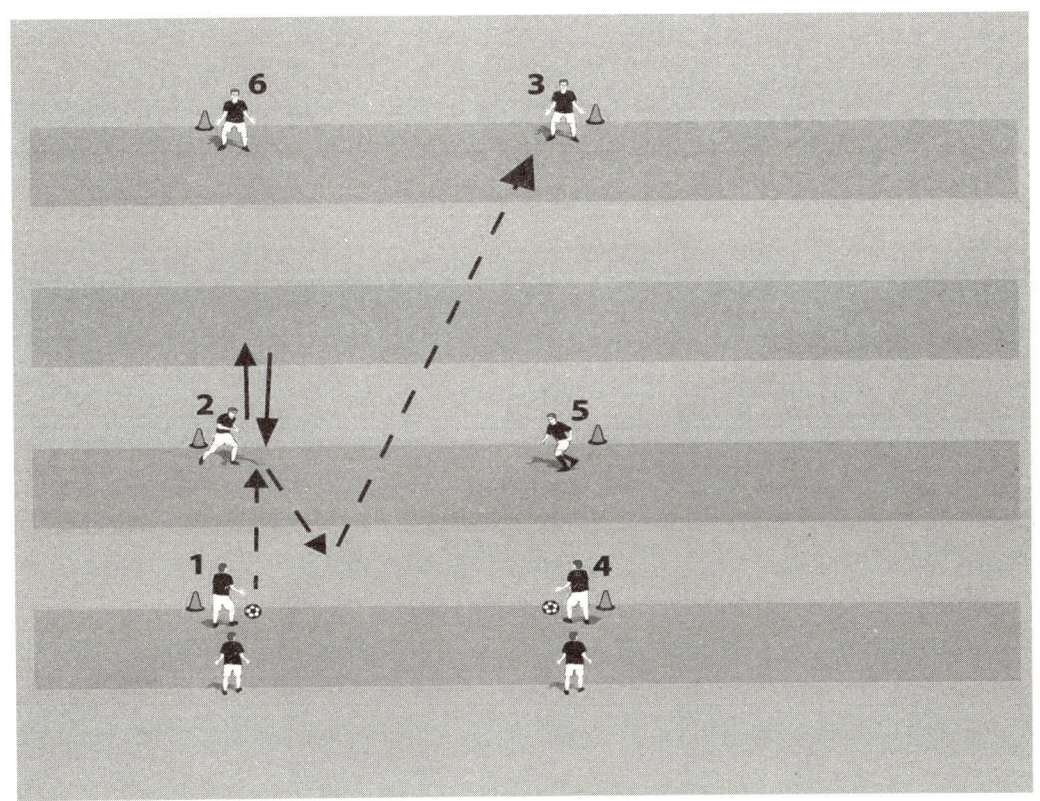

变换形式：

- 2号球员佯装跑开再折回接球。1号球员将球传给2号，2号将球回敲至1号球员前方空位。1号上前直接将球长传给3号。2号跑向3号的内侧，同3号球员完成一个踢墙配合，然后3号继续跑向起点。与基本模式练习一样，每次练习结束后，每个球员向前移动一个标志桶。在掌握了练习方式后，球员应当尽量减少触球次数，并保持一定速度。最后，水平较高的球队在训练时，可以让场地一边佯装跑位的球员在跑动时客串场地另一边的踢墙配合中的被动防守球员。

4. 控球

(1) 2对2加4练习　12×12码区域

这是一个可以提高控球能力的高强度练习，旨在训练球员的比赛速度、配合能力、场上视野和体能等。进行2对2加4训练时，两队各自在场地对角线上的两端安排两名接应队员。接到传球后，接应队员迅速带球进入场地中央，和另一名留在中央的队友合作将球传给另一名接应队员，传球给接应队员的那名球员则换至接应队员位置。该练习非常适合踢墙配合的训练，因为场上的球员数量、训练速度和空间要求队员能够迅速地起动、思考并进行传接球。

(2) 等同于 3 对 1 的 3 对 3 练习 两个相邻的 15x15 码区域

进行作用等同于 3 对 1 的 3 对 3 练习。设置两个相邻场地，每个场地各有一支 3 人队伍（其中一支队伍身穿背心）。以一组为例：将球放入一个场地，告诉该场地的队员要通过带球和传球尽可能久地控球，而另一支球队（相邻场地内）派其中一名球员进入控球方的场地进行争抢（抢球成功后将球传回本方场地，然后两队互换角色）。教练员应当在两个场地相交处放一些备用球。一旦球出界，教练员可将备用球给其中一块场地，然后重新开始练习。

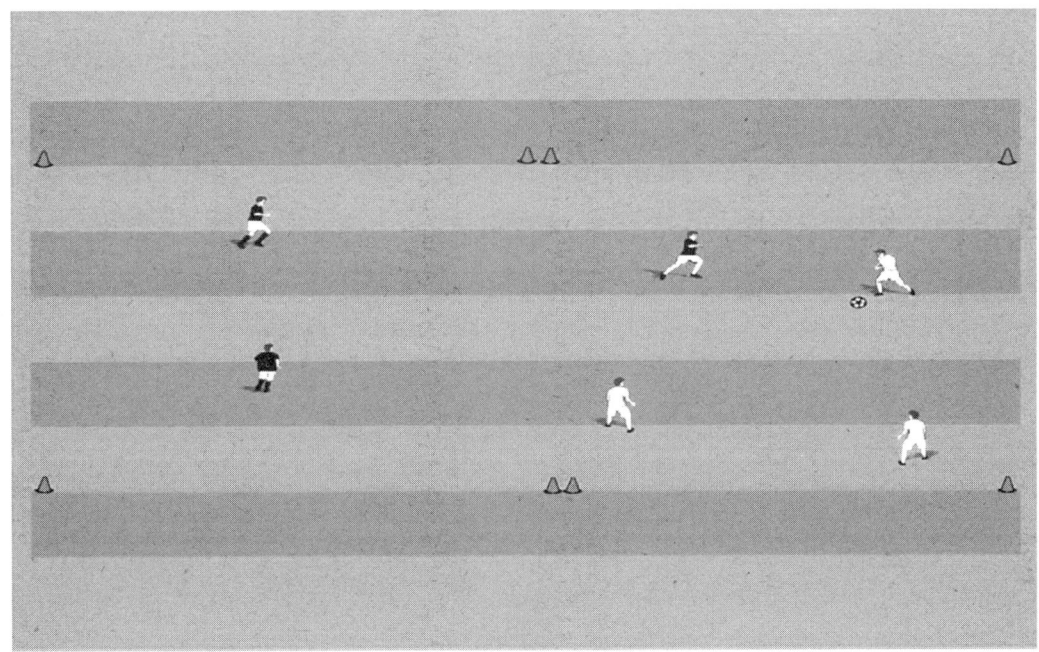

教练指导：

- 队员控球时站位过近。教练员可通过示范表明，拉开站位更有助于控球。
- 鼓励球员努力做好无球跑动，创造接应传球的角度。
- 球员应学会提前思考他们的传球角度，然后一脚触球将球停在需要的方向上。
- 如果一名防守球员无法成功抢球，可派第二名队员加入争抢。

(3) 有底线球员的 2 对 2 练习 20×25 码的场地，放置标志桶或小型球门

该练习非常适合培养支援和转移能力，两者都是巴塞罗那控球战术的核心元素。2 对 2 练习中，每队 2 人，各自还有一名底线球员。底线球员只能采用一脚触球，其作用在于缓解（防守方底线）压力、开球并（在进攻方的底线）创造进球机会。底线球员可以沿底线来回移动，但不能进入场地内，其他球员也不能对其进行拦截。底线球员负责重新开球（放置一些备用球）。该练习无掷界外球、角球和球门球，强调快速反击和转移，每 5 分钟轮换一次底线队员。

教练指导：

- 在底线球员开球时，鼓励队员迅速思考，并加快脚下动作。由于底线队员只能一次触球，控球方和防守方的队员必须积极应对、领悟传球意图，并进行无球跑动。
- 队员间的交流非常关键。要想取得成功，活跃的球员需要变换角色，灵活穿插跑动，并与队友形成默契与互动。

变换形式：

- 底线球员的站位在场地边线上。

(4) 转移进攻练习　两块 12×15 码的场地

巴塞罗那非常擅于让更多的球员参与到进攻中。该练习非常有利于培养后卫和中场球员择机加入进攻的能力（作为第二和第三进攻者），也能够锻炼前锋的控球能力。此外，还能用于反击训练。

球员分成两队，每队 3 人。每队各有一名前锋和两名防守队员。前锋不能离开前场，而后卫只有在传球给前锋后才能进入前场。该练习中没有守门员。每 10 分钟，两队互换前锋。然后，要求前锋只能一次触球，一名防守球员将球传给前锋后，另一名防守球员必须跑进前场进行助攻（而传球的防守队员则不能进入前场）。这一规定让所有 3 名球员都需要提前思考，并在控球时寻找第三进攻者。

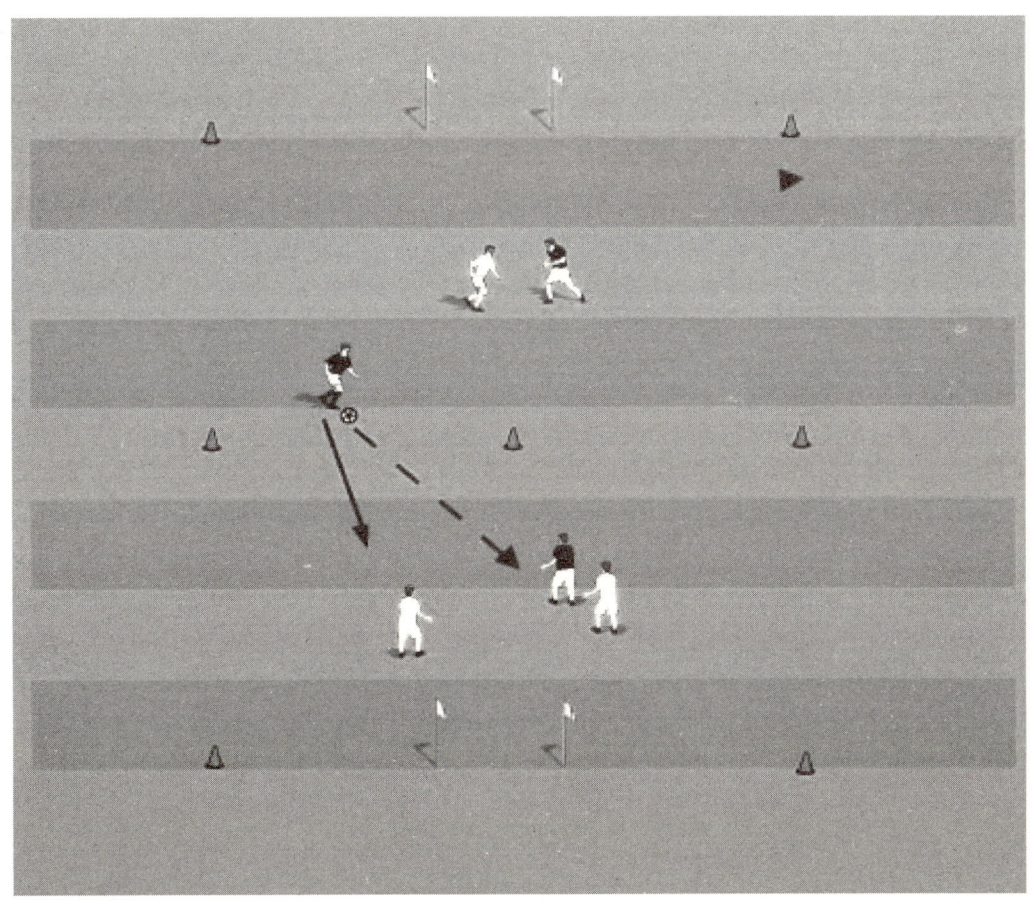

(5) 3对3加1练习　20×30码区域，场地四角各放置一个球门

该练习充分展示了如何在人数占优的情况下进行控球。多出的这名球员代表了巴塞罗那在场上控球战术的核心，可以使控球的球队集中注意力控球，消耗对手体力，并撕开对手的防线，同时寻找机会将球踢进两个球门中的任意一个。3对3加1的练习需要在一个20×30码的场地中进行，并且在场地四角用标志桶设置球门。因为队员数量少，而且球门设在一个宽阔场地的四个角上，所以，这个练习可用来训练巴塞罗那常用的套边配合。鼓励队员耐心地将球控制在场地中央，进行边路套边。如果套边没有成功（如有多名防守队员紧逼或进攻队员没有跑动空间），则要求队员继续控球，改变进攻方向。

(6) 椭圆形控球练习　10×20 码的椭圆型场地

该练习专门用于训练中场球员（及其他接应球员）如何在压力之下进行比赛。练习需要两支人数相等的球队。如下图所示，一队先站在椭圆形区域内。另一队 3 名队员站在圈内作为防守队员，其他队员则站在圈外作为捡球队员（每两分钟轮换一次防守队员，以保持防守压力）。进攻队员沿椭圆均匀分散站开，留 2~3 名球员（通常为中场中央球员）在椭圆中间。每次练习开始时，由防守方的一名捡球队员将球发给进攻队员。进攻队员需要控球，并保证球不出椭圆区域。一旦防守队员得球，就将球踢出椭圆区域。

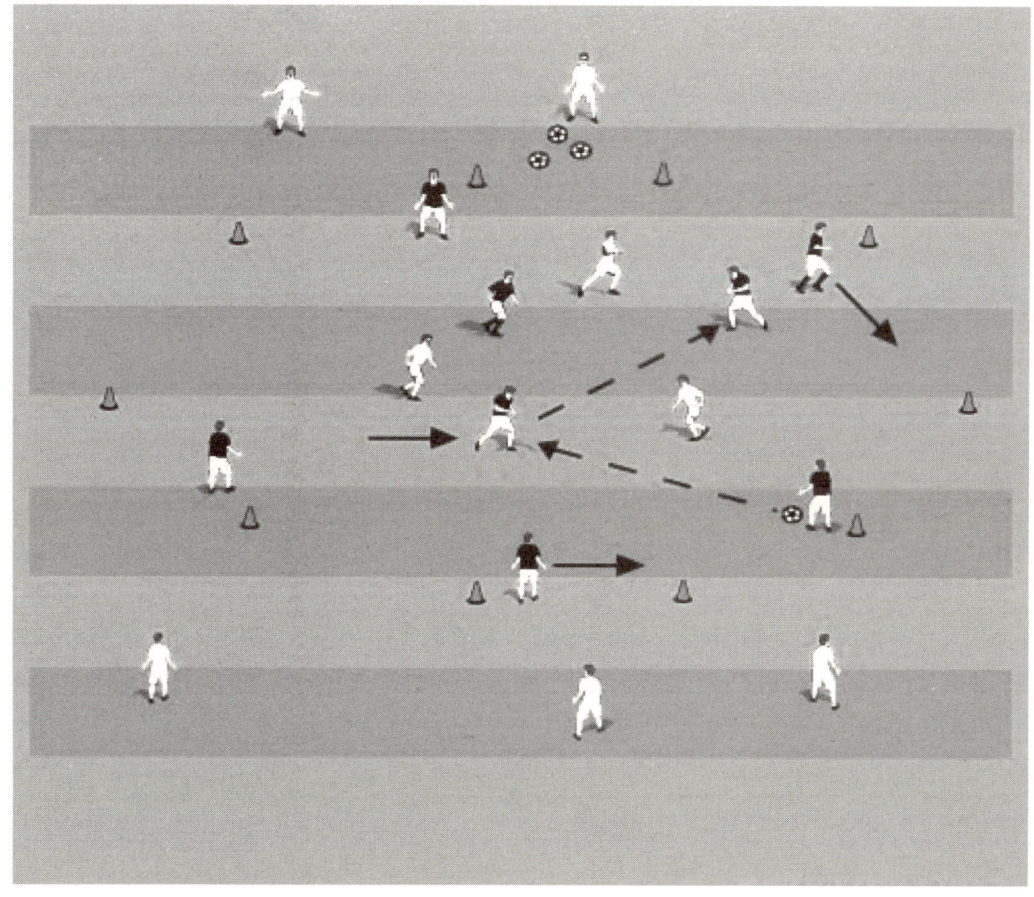

进阶练习：

- 要求队员向球所在方向跑动，尤其是在防守方施压时。这个要求似乎并不太合理，因为我们常常鼓励队员要拉开站位，创造传球空间。但是，有时我们又不得不在狭小区域内控球，而此时队员越多选择也就越多，前提是需要保证控球速度，不至于让对手能够站稳防守并抢到球。
- 进攻队员记下传球次数，两队在各自控球 5 分钟后比较谁的传球次数多。

(7) 6对6对3练习　40×40码的场地

这个练习需要两支6个人的队伍和一支由3名中场球员组成的球队。这是纯粹的控球练习，每支队伍都需要努力将球控在脚下，尤其是中场队员的压力非常大。6人队每成功传球4次得1分，3人队每传一球得1分。该练习对中场3名球员十分有帮助，因为在练习中他们必须保持一致地配合去抢球，并在抢断成功后将球控制在脚下。这个练习结束后，得分最高的往往是中场3人组，这也让教练员可以借此强调场上效率的重要性和必要性，尤其是对中场三角站位而言。

教练指导：

- 中场3人组必须有极强的意识和预判能力。依赖个人能力的攻防在这个练习中是无用的，中场3人组必须"眼观六路，耳听八方"，判断对手的防守，寻找接应点，并保护好脚下的球。
- 交流。中场3人组必须不断互相提供反馈，以帮助控制和组织比赛。
- 中场3人组应当考虑如何在攻防两端都能够出色地发挥。在这样的练习中，单靠跑动是无法争抢到球的，他们中2人（或3人）或许可以找到机会通过配合分散对手，将球抢下。
- 攻防转换。中场3人组是球队的引擎，是整个球队攻防转换中的枢纽。他们必须学会在比赛中保持慢跑的速度，然后在攻防转换时能够频繁加速冲刺，并时刻集中注意力。整场比赛中场3人组几乎没有休息时间。

● 无球跑动。中场 3 人组必须学会判断，在一名队员拿球面对对手防守时，另一名球员必须立刻上前接应。一旦有空间，可以选择带球、拉开空间或长传来破坏对方防守。

变换形式：

● 练习中使用非惯用脚。

● 无言语交流。这看上去似乎有违常理，但偶尔这么做可以让球员意识到言语交流的重要性，同时也迫使队员学会用眼睛来判断场上形势。

● 配合打法可获得额外加分。中场 3 人组若能完成配合打法可以加分（如每次配合加 3 分）。

● 鼓励进攻队员将球传给中场球员。中场球员每触球 1 次可多计 1 次传球。

● 鼓励中场球员在面对防守压力时相互传球。两名中场球员之间完成传球，则多计 1 次。

(8) 底线目标球员练习 30×30 码的场地

该练习需要两支人数相同的球队。每队各有两名目标队员站在对方的底线处。教练员准备好用于重新开始练习的备用球。两队尽力将球传给各自方的任意一名目标球员。完成传球后，传球队员迅速跑至目标球员的位置，而接到传球的目标球员则将球传给对方的一名后防球员，然后练习继续。这个练习只进行几分钟（建议 8~10 分钟），所以必须保持高速。由于场地小、速度快，因此该练习能够体现巴塞罗那的风格。传球给目标球员则锻炼了队员对攻防转换进行周全考虑的能力。

两支球队无对手控球练习　半场

巴塞罗那的出色表现主要基于对控球的执着。这个练习中没有防守压力，对训练队员专注于控球战术中的细节和一致性非常有用。练习需要两支人数相等的球队。每队在练习开始时各有两个球。练习过程中两队队员必须混合在一起，但不能干扰另一方的球。需要说明的是，本练习旨在提升球员个人和整个球队的比赛速度。比赛速度包括技术速度、战术速度以及跑动速度。队员必须努力提高自己的比赛速度，无论是否有防守压力。

进阶训练：

- 两支球队不受限制地进行控球。
- 球员在传球后，必须移动到场地的另外一个1/4区域。
- 球员在传球后，必须冲刺跑到场地的另外一个1/4区域。
- 球员在折返接球前必须佯装向另一个方向跑动（以创造空间）。
- 球员在传球前必须喊出下一个接球球员的名字。
- 球员在接球前必须喊出下一个接球球员的名字。
- 只允许2次触球。
- 只允许1次触球。
- 每次传球后，传球队员必须准备好做踢墙配合，尽管偶尔才会使用踢墙配合。
- 每次传球后，传球队员必须进行套边跑位，尽管偶尔才会使用套边战术。

注意：除新增规定与之前规定相冲突而导致其无效，否则之前的规定在练习时一直有效。

(9) 连续传球练习　半场

将球队分为两组（穿不同颜色的背心），每组各持 1 球，并对所有队员编号。在所有练习中，球员需要不断移动（两组球员可混合在一起），且在完成传球后必须跑到场地的另一个区域。此外，还应强调队员间的交流和迎球跑动。该练习旨在完成下列传球和控球变化：

- 每组队员将球传给本方队友（穿同色背心的队员）。
- 每组队员只用右脚传接本方队友的球。
- 每组队员只用左脚传接本方队友的球。
- 每组队员尽可能地采用一脚传球将球传给本方队友。
- 每组队员按照各组编号顺序进行传球。
- 两组队员交替互相传球。

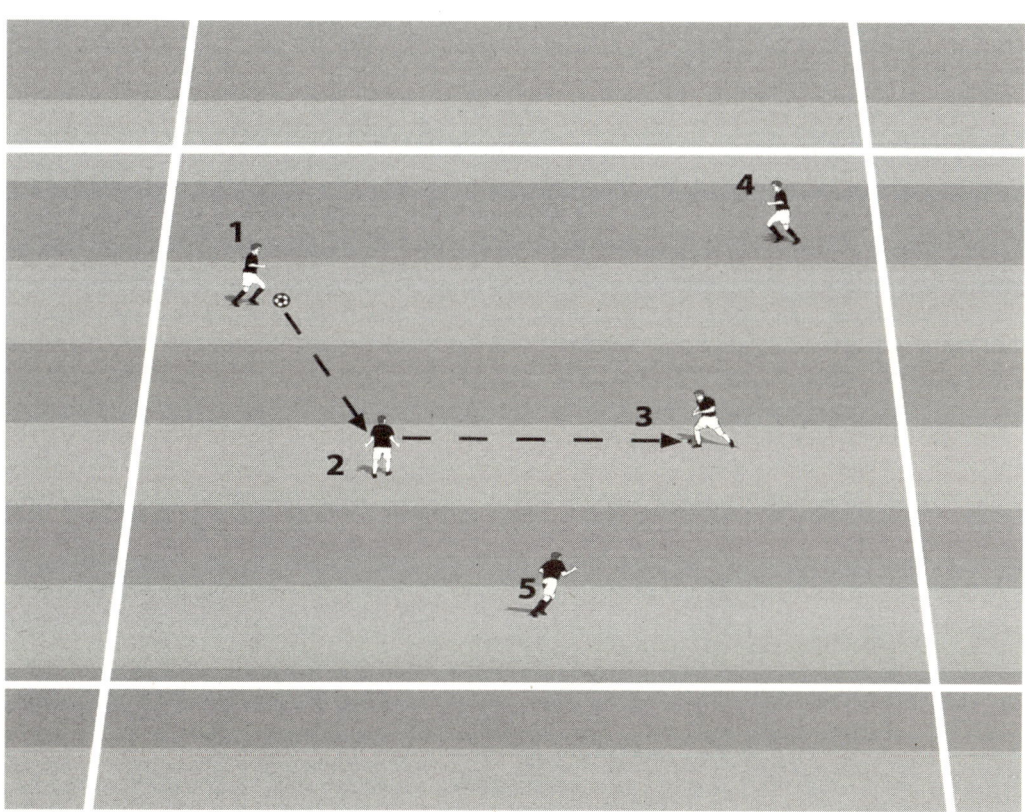

(10) 100次传球练习　半场

鉴于巴塞罗那对控球的热衷，这个有趣而又富有挑战性的练习强调对球的控制。练习需要两支人数相等的队伍。每次练习开始时由教练员发球。每队记下各自的传球次数，先达到100次的队伍获胜。

(11) 丢标志盘练习　半场

该练习需要3支人数相等的球队。1支球队的队员作为目标球员。每个目标球员手中持3个黄色标志盘和3个红色标志盘。剩下的2支球队分别为红队和黄队（最好各自穿上红色和黄色背心）。每次目标球员接到传球时，就将传球给他的那个球队相应颜色的标志盘丢下。实际上目标球员是和控球方一起练习。目标球员只能一次触球，而且不能被拦截。首先让所有己方标志盘掉落的球队获胜。这是个集趣味性和挑战性于一体的控球练习。一旦有标志盘掉落，球队就必须通力合作在目标球员周围组织进攻和防守。

进阶训练：

- 目标球员不能移动。
- 目标球员可以走动。
- 目标球员可以参与比赛。
- 手上已没有标志盘的目标球员仍然可以要球，一旦接到球，则捡起所有对应颜色的标志盘。这可以使没有标志盘的队员一直参与练习，同时也要求球队在控球时要有更为全面的考量。

（12）4 跑道足球练习　　4 条 15×25 码的跑道

该练习能够有效训练巴塞罗那式"多面手"球员，使其在面对极大的防守压力时组织控球和向前传球。将球队分为两个人数相同的小组（最好共 16 名球员）。每队各有 4 名球员分别站在最外侧的一条跑道内，另外 4 名球员站在对面的中间跑道。练习要求每队都尽力控制住脚下的球，并尽可能多地将球传给在另一个跑道内的队友。一旦对手得球，本方可以派出两名球员参与防守（两个相邻跑道各派出一名球员至中间跑道，或相邻跑道派出两名球员至最外侧跑道）。各自跑道内的防守队员应拦截传球线路。该项练习能很好地锻炼球员判断防守压力的能力（尤其对中间跑道而言，因为其两边都有防守队员参与防守），以及通过精确传球穿越防守区域的能力。教练员应在场边准备好重新开始练习的备用球。球队每次进攻转移得手后，得 1 分。

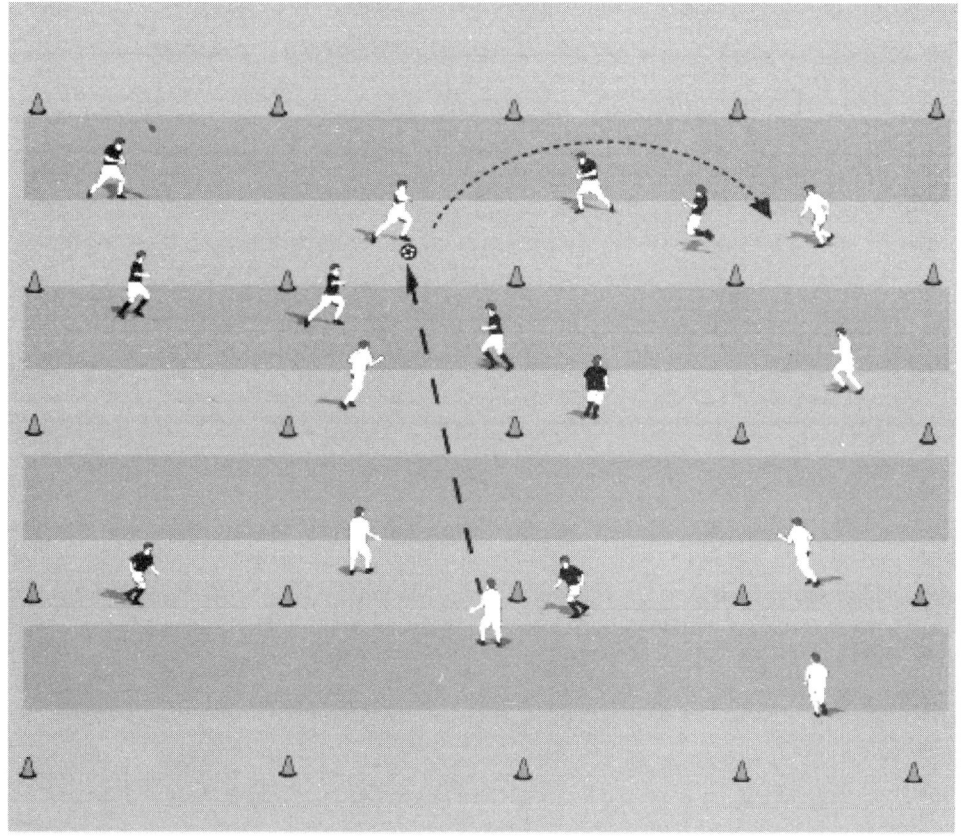

教练指导：

● 每个跑道内的球员在控球时应学会通过快速组织来找到将球传到另一个跑道的传球角度。队员之间必须交流；需要进行快速无球跑动；队员之间要拉开空间；当对手的防守被破坏或者防守到位过慢时，要学会找到防守缝隙来完成进攻点的转移。还必须掌握各类空当传球技术，包括用任意一只脚的挑传、直塞或高空传球。此外，接球也应当干净利落，避开上前抢球的防守队员。

变换形式：

● 增加一名在场地四周游动的守门员。一旦有空中球传给守门员且成功拿球（可以同守门员争抢），传球给守门员的队得 1 分（守门员必须站在对方的区域内）。随后，守门员必须将球传给传球给他的那个球队的另一名队员，然后练习继续。

(13) 传球过门练习　30×30 码场地

该练习需要两支人数相同的球队（其中一支穿练习背心）。教练员需在场地外围准备好备用球，当球出界时用其重新开始练习。两支队伍在场地内进行控球，努力将球传过"球门"（如下图，用几对标志桶摆放一码宽的球门，在场地上分散摆好）。

教练指导：

● 球必须传过一个门，且在另一边有队友接球后，才能得 1 分。

● 在训练开始前提示队员，防守队员只要站在两个标志桶之间就可以轻易防住这个门，所以，攻方需要在控球的同时密切注意观察无人防守的球门。如果一个球门有防守队员靠近，进攻队员则必须寻找其他的球门来传球。

● 此练习常见的错误是控球队员围着球跑动。在刚开始出现这种错误时，教练员可以中止练习，向队员示范拉开站位的重要性。长距离的传球更容易找到无人防守的门，也可缓解进攻队员面对的防守压力。

练习持续 7 分钟。该练习可用于评估球队在面对防守压力时的控球能力。

(14) 11对6控球练习　3/4场地

该练习要求球员将之前练习过的传球方式和战术应用于实践之中。一支球队为4-3-3阵型（可延长训练场地，以加入一名守门员），另一支球队为2-2-2阵型。防守队员抢到球后，将球踩住，再踢还给11人完整阵容的球队，然后练习继续。轮换防守队员以保持防守压力，同时也使所有球员有机会参与到4-3-3阵型中。对11人的球队而言，他们主要需要学会通过整体配合来传接球，从而破坏对方的防守。

教练指导：
- 11人的球队应当通过控球形成自己的阵型和位置关系。
- 鼓励11人的球队在训练中使用之前练习过的传球方式。
- 教练员可以通过这个练习设计进攻套路和配合打法。

（15）8对8加守门员：边后卫参与进攻　半场

巴塞罗那控球的传统之一就是边后卫插上助攻。该练习的主要内容是边后卫参与进攻。两队各8人（另加一名守门员）。每队4名防守队员、2名中场球员和2名前锋。在第一阶段的训练中，将场地横向分为三个区域。在本方球队控球时，两名边路队员可以进入中间区域（也可带球进入）。一旦本方失去控球权，这两名边路队员必须回到防守区域。强调后防线的控球。练习开始15分钟后，取消之前的区域限制，但仍鼓励队员加强后防线的控球。

(16) 区域配合打法练习 2/3 场地

与之前的练习相似，本练习鼓励后防线上的球员加入到中场甚至前场中来。这个练习的重点是短传配合，这也是巴塞罗那在控球和组织进攻时的常用战术。两队每队各 8 人（另加守门员），将场地横向分为 3 个区域。两队均采用 3-3-2 阵型。中后场球员在进入下一个区域之前必须同那个区域内的球员完成一次配合打法（如套边或踢墙配合）。该练习不仅要求队员要寻求配合，还要求其在完成配合的同时将球推进到下一个区域，并组织起进攻。练习 20 分钟后，取消区域限制，但要求控球方队员在射门之前必须完成一次配合。

教练指导：
- 指导球员思考成功的配合需要什么样的前提条件（如防守方没有球员对第一防守进行协防保护；边路有空间进行套边配合；队员间的交流以及提前无球跑动）。
- 如需要，也可进行其他配合训练（脚后跟传球、交叉配合、二过一配合）。

(17) 4球门练习 2/3场地

该练习能够提高球队变换场区和寻找对方边路防守空当的能力，这两点都是巴塞罗那进攻战术中的重要部分。将球队分为两组，在2/3场地上进行练习。每队各防守两个置于边线5码处的小球门（宽4码）。两队的阵型均为3-3-2。本练习要求队员频繁进行跑位，着重练习变换场区和寻找边路空当。利用掷界外球和球门球重新开始练习（无角球）。

教练指导：

● 团队组织。特别是中场球员之间需要通过言语交流和协作来试探对方的防守，在控好球的同时通过不断地倒脚寻找防守漏洞。

● 技术精准。在需要创造机会的时候，球员能否长距离传球；球是否能恰到好处地传到接球队员的脚下；接球队员的第一脚触球是否合理。

5. 高压防守

(1) 防守步法　10×25 码场地

防守队员的步法对牵制进攻球员跑位、施加防守压力和选择抢球时机至关重要，也是丢掉防守位置后设法补位的关键。这个热身练习旨在让球员着重提高防守步法的质量和速度。队员两两一组（两组）从 8×20 码跑道的一端开始练习。第二组在第一组跑到一半时开始练习。

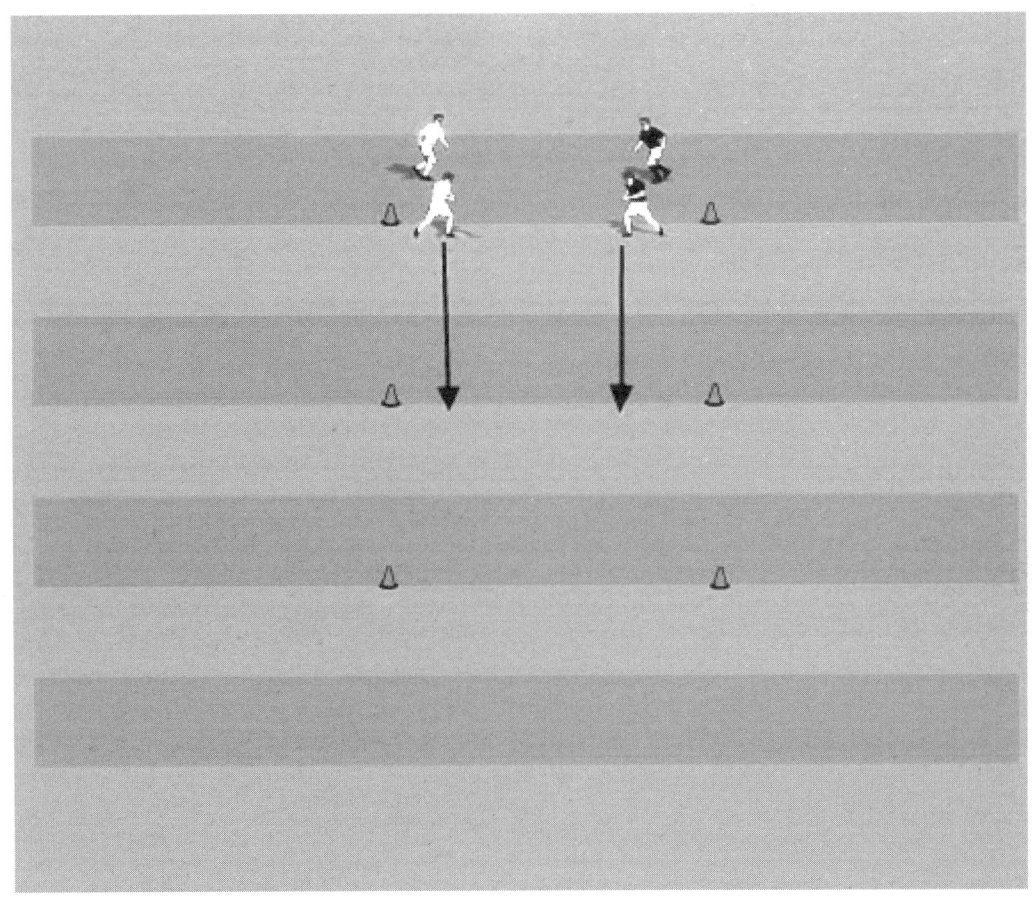

进阶训练一：

- 两两一组慢跑。
- 两两一组高抬腿跑。
- 两两一组小步跑。
- 两两一组滑步折返跑（从中点处开始采用相反步法）。
- 两两一组后退跑。
- 两两一组 3/4 速度跑动。

进阶训练二：

1号球员在2号身前防守（无球）。2号球员向前慢跑时做变速和变向（之字形），要求防守队员一直在其身前。两名球员在到达跑道另一端时，均走到跑道外，然后慢跑回各自队伍。

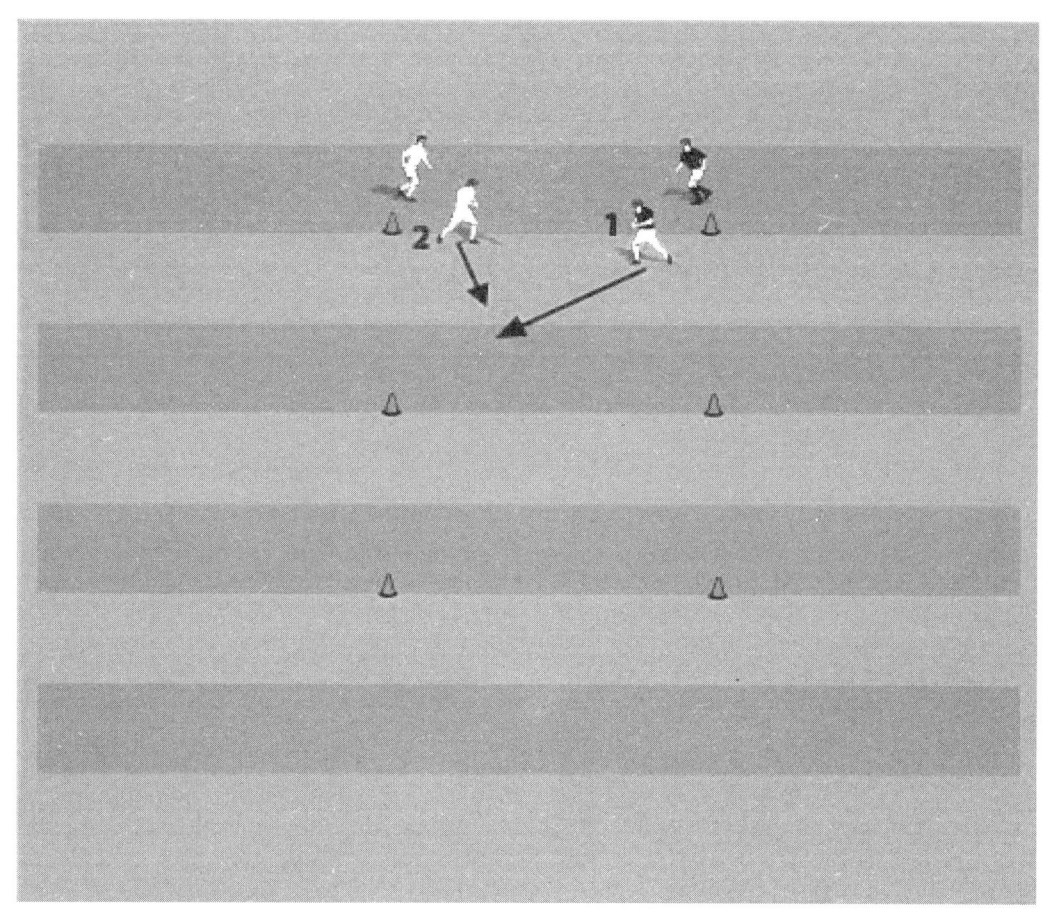

教练指导一：

● 争抢位置。防守队员的双脚、髋部和肩部应朝向距其最近的场地边缘，以便把进攻队员压制在最狭窄的空间里，并限制进攻队员的选择。这样的防守姿势也让防守队员能够避免在比赛中被穿裆。防守队员还要确保其重心前倾，否则一旦进攻队员突然变向或变速，防守队员很容易被突破。同样，防守时注意力必须放在球上。一流的防守队员不会受对手假动作的影响，因为在1对1防守时他们的注意力会集中在球上。可以要求防守队员的视线离球更近一些，但也不能过近，因为如果防守队员重心太低，前倾过多，也很容易被对手快速突破。手或胳膊的位置也很重要，乱挥手臂可能导致失去平衡和被判犯规。一流的防守队员在采用争抢位置时会将胳膊和手自然地放在体侧（有些教练员会要求防守队员用距球较近的手抓住短裤，以避免手球）。最后，心态也是影响防守质量的关键因素之一。在该训练中的消极表现通常会导致在 1 对 1 防守时的表现也差强人意。有人曾说过，球员在防守时需要"把球抢下"。在选拔球员时，最容易区分球员水平高低的方法之一就是观察他们的个人防守能力。出色的防守队员不会仅满足于做出合格的防守姿势和在 1 对 1 防守时占据上风，他们还会想着要成功地抢到球。

• 争抢位置的步法。防守队员应采用短促有力的步伐（碎步）。这样的步伐不但可以帮助防守队员提高平衡性，还可以使其能够随着进攻球员和球的移动做出调整。最后，防守队员切记两脚不可完全并拢，因为那样很容易失去平衡，而且会导致重心落在两脚上，从而很难根据进攻队员带球跑动的方向做出有效调整。

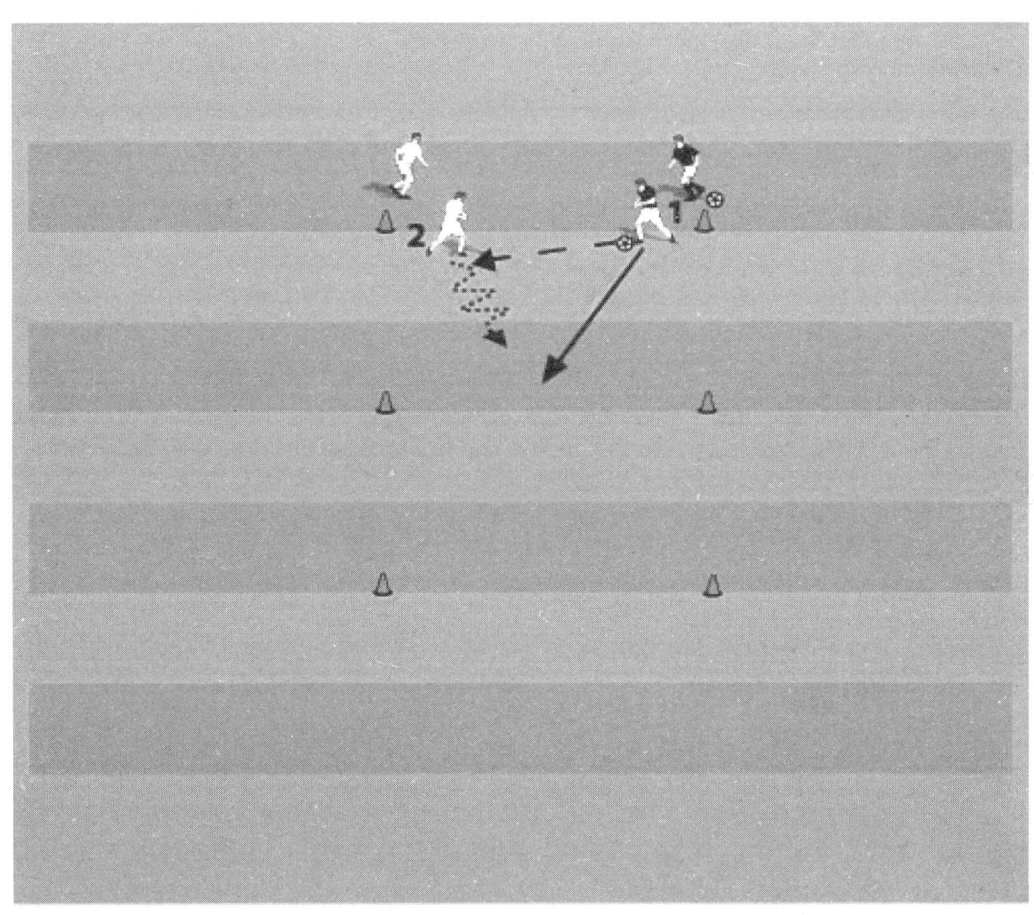

• 补位和争抢位置。1 号球员把球传给 2 号，然后快速跑到利于防守的位置。2 号球员等 1 号站好位置后，开始之字形带球。他不需要过掉防守队员，但要迫使防守队员疲于应付变速、变向和假动作。在两名队员到达跑道尽头后，2 号球员将球带回起点，两名队员再互换角色重新开始练习。

教练指导二：

• 传球后，防守队员必须加速跑动至利于防守的位置。最初的几步需要短促有力，能够快速封堵住球的路线并根据球的行进方向做出调整。

• 将注意力放在球上。既然该练习是有球训练（不允许阻截），那么教练员就应要求防守队员在整个训练过程中把注意力集中在球上。

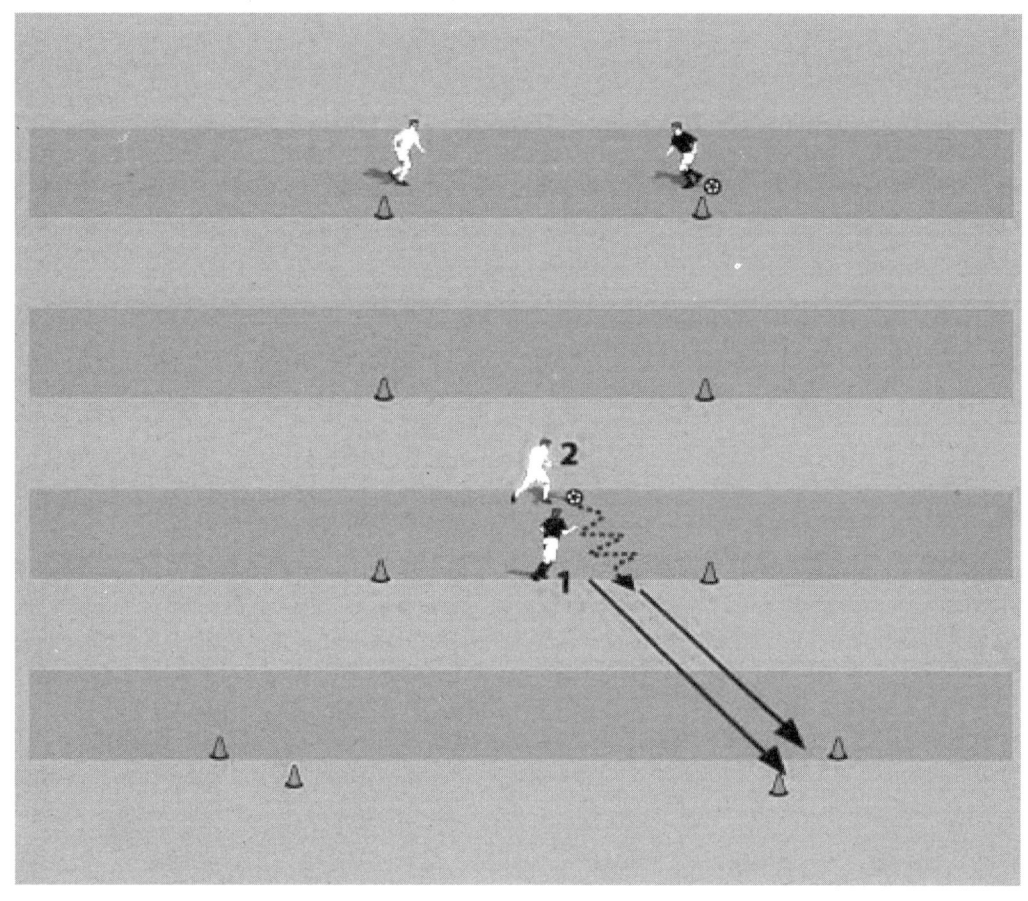

• 争抢位置和冲刺跑。1号球员将球传给2号，然后快速跑到有利于防守的位置。2号球员等1号站好防守位置后，开始之字形带球。他不需要过掉防守队员，但要迫使防守队员疲于应付变速、变向和假动作。进攻队员在到达场地尽头后，突然加速通过两个球门中的任一个（球留在场地尽头处）。防守队员必须尽量在进攻队员之前跑过后者所选择的球门。在两名队员到达场地尽头后，2号球员将球带回起点，两名队员互换角色重新开始练习。

• 意识。在两名队员快到达场地尽头时，防守队员必须预判进攻球员能够跑动的空间和可做的选择。防守队员应将进攻球员逼到场地的一边，迫使他跑向较近的门。

• 身体对抗。在进攻球员试图过掉防守队员时，后者必须及时跑动，以切断进攻球员的路线。必要时，防守队员可以采用"游泳"姿势（通过胳膊的活动使肩膀先过球门),以确保领先优势。鼓励球员在这种情况下多用身体对抗。

- 突然加速跑动。盯人最难的一点就在于应对进攻队员无球时的突然加速跑动。该练习中,防守队员必须找准冲刺跑过球门的时机。防守队员一开始就处于不利地位,因为他并不知道进攻队员会选择哪条路线(这一点和真实比赛类似),而且他是背向球门而进攻队员则是面向球门。

(2) 等同于 4 对 2 的 4 对 4 练习　两块 15×20 码场地

如图所示,每队 4 人,共两块相邻场地。开始时两队各占一块场地,场边备好备用球,用于重新开球。练习的目的是在对方区域内抢下球,将球踢回本方区域并保持控球。在练习的第一阶段,两名防守方的球员可进入对方区域抢球。最初只允许两名防守队员抢球的目的,在于加强球员在人数为劣势的情况下施加防守压力的意识,并锻炼他们思考小组战术(如第一和第二防守队员的角色)。

教练指导:

- 高压防守。该练习的场地相对狭小,使防守队员有机会进行快速围堵和对球施压。防守应该是强度高、时间短(如同真实比赛)。

(3) 3对3加4　20×25码场地

该练习为两个中场3人组（球员1、2、3和球员A、B、C）小范围内的对抗练习。为简明扼要并具一致性，3人组均由两名进攻中场和一名防守中场组成。实际应用时，也可采用两名防守中场加一名进攻中场的阵型。球员1、2、3抢下球后传给球员4和5。同样，球员A、B、C则要将球传给球员D和E。外围球员不能互相传球，不能被阻截，也不能加入中场的争抢。当球员1、2、3控球时，球员4和5可作为接应队员。可以通过限制外围球员的触球次数或时间加快练习速度。此外，鼓励进攻方要有创造力，不要局限于采用某一固定阵型。

教练指导：

● 交流和意识。因为角色变换快、跑动范围大、来球方向多，中场3人组需时刻了解场上的战术形势（如队友和对手的位置等），并通过言语交流明确他们的意图和命令（如谁主防、协防，对手的跑位等）。

● 防守3人组的阵型。因为防守方的最终目的是迫使进攻方将球从锋线带入防守方的三角组合中，进攻方的中场队员必须积极跑向传球路线并观察有空位的队友。上图中可见，球员2和3的位置均在所盯防球员的外侧（球员B、C）。这样站位的意图是让传球和进攻球员的跑位都朝向负责防守的球员1，以便让其盯防中路，防止传球给跑空位的队员并断球。

- 明智的决策和高压防守。防守队员的首要任务，一是断球；二是阻止进攻队员转身；三是防守传球突破；四是防守带球突破。
- 阻止对手的配合。防守队员要能够预判对手利用踢墙配合和套边来破坏防守的可能性。需要重申的是，良好的交流和紧凑的站位可以有效阻止对手在这样的小空间里顺利完成战术配合。

（4）等同于4对3的4对4练习　两块15×20码场地

该练习允许3名前锋进入对方区域进行防守。因为场地空间有限，防守队员越快施加高压防守，效果越好。

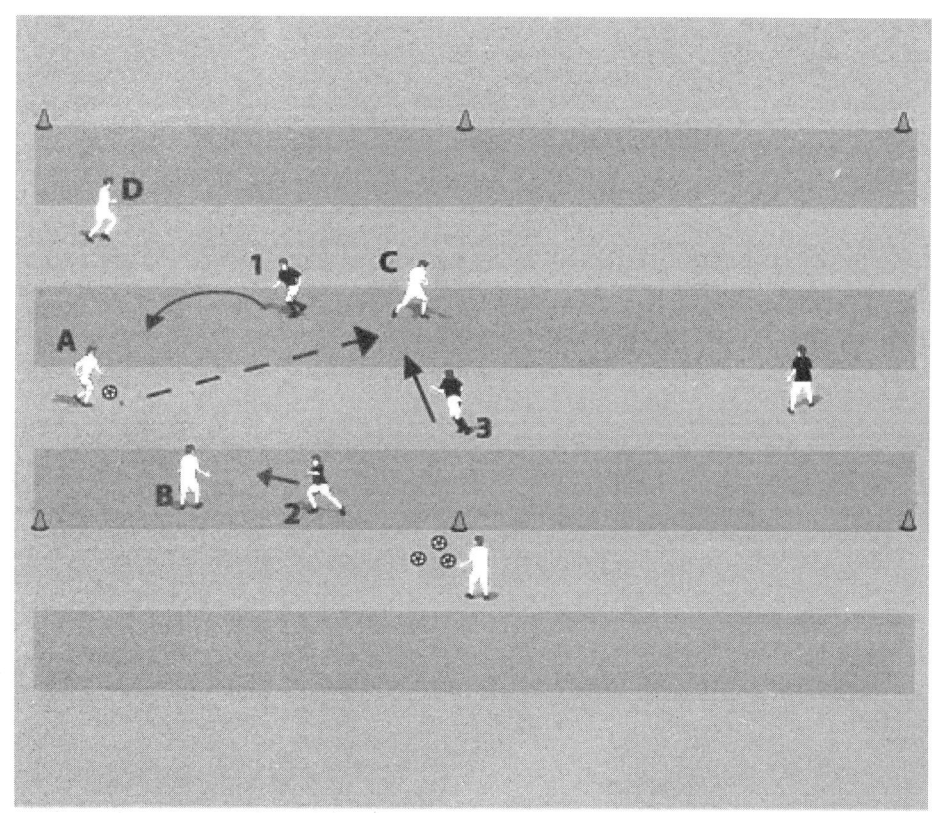

教练指导：

- 防守配合。除了丢球后快速进入防守状态，前锋还必须协同配合来围堵进攻队员，施加防守压力，从而将球抢下。他们还需要理解并相互协调好各自在防守战术中的角色。年轻球员通常需要反复练习才能明白在紧逼和压迫控球的进攻队员时，言语和眼神的交流非常重要，尤其是在协防的时候。
- 切断传球路线。球员亟需培养的意识就是对切断传球路线重要性的认识。在上例中，球员1紧逼进攻球员A，而球员2则在左侧切断了给球员B的短传路线。球员3意识到球员A唯一的选择就是将球传给球员C，因此跑动上前切断了这条传球路线。

变换形式：

- 每次重新开始练习时，只允许两名防守球员进入进攻方区域。可任意通过地滚球或空中球重新开球练习。该练习要求前锋在每次重新开球时集中注意力去抢球，在此种情况下，防守方的努力和高效能在对手控球后帮助他们节省防守精力。

(5) 以角球区球员为目标的8对8练习　半场

如图所示，两队每队各有6人在场内，另外，每队各有2名球员站在两端角球区。由场边的教练员负责开球。这是一个控球练习，两队需要将球传给各自站在角球区的目标球员。练习中，两队的目标角球区需要互换。在目标球员得球后，传球给目标球员的队员跑到另一角球区，而接球的目标球员则把球带入场内，向另一个方向发起进攻。该练习重在培养防守方组织防守的能力。在半场进行的6人制比赛中，一旦进攻开始，防守方必须立即提前对控球方持续施压，队员间还要提供协防并保持阵型稳定。球员在疲劳时会觉得这个练习的难度较大，此时教练员可借机强调集体配合和注意防守的重要性。

教练指导：

- 第一防守队员。第一防守队员在对方得球后必须快速上前逼抢对方的带球队员。如果其防守到位，就可以阻止对方进行长传，并能将对方带球队员逼入协防队友的包围圈。

- 压缩球后空间。在第一进攻队员被紧逼后,其他防守队员必须快速切断其他短传路线,并封堵长传路线。这样可以压缩对方空间,并且为防守队员将球抢回创造了机会。一名或多名球员跑动至球后方可以防止对方通过长传将球传出防守区域,从而保持防守平衡。
- 攻防转换。该练习包含许多攻防转换内容(可缩小练习场地以强调这一点)。攻防转换中球队容易抢得或丢掉控球权。本练习旨在突出攻防转换的关键作用,有效的攻防转换可帮助防守队员在全场施压,拦截并重新抢回球。

(6) 8对7加守门员 半场

练习由进攻方的中后卫(球员A和B)使用放在中场的备用球开球。进攻方有两名中后卫(在练习开始时这两人只能横向移动,不能向前跑动),中场阵容完整,包括两名中路球员和两名边路球员,锋线上有两名前锋。防守方由1名守门员、4名后卫和一个中场三角(3人)组成。该练习可有效训练后防线和中场之间的防守配合。

(7) 8对6控球练习（带球门） 30×50码场地

这个练习旨在训练4-3-3阵型中中场和前场的防守配合。以数字编号的球队（球员6~11）包含3名中场队员和3名前场队员。以字母编号的球队（球员A~H）有4名后防队员和4名中场队员（包括两名中前卫和两名边前卫）。鼓励两队均保持阵型。虽然这个练习本身并不要求将球射入球门，但以字母编号的球队可通过传球或带球通过任一边路小门来得分，而以数字编号的球队则可通过断球或切断对手给中后卫或中场球员的传球来得分。

(8) 高压防守和得分激励的 11 对 11 练习　全场

两队均为 4-3-3 阵型（或者让非目标球队摆出其他阵型，根据某一特定比赛或对手的阵型进行针对性训练）。这是一个标准的混战练习，如图所示，用标志桶将全场分为 3 个区域。防守方在前场区域内抢球成功，得 3 分；在中场区域内抢球成功，得 2 分；在后场区域内抢球成功，得 1 分。这种激励机制让队员在防守时非常勇猛，步步紧逼对手，并尽可能在前场就开始通过高压防守来破坏对方的控球。

6. 进攻模式

(1) 边后卫插上　半场

以下图例展示了球队边后卫插上进攻的战术。练习开始时应采用"影子模式"（采用消极防守），要求进攻队员注意细节。后卫（4号）将球传给前插的右前锋（9号）。在右前锋面对防守队员时，右边后卫（5号）套边跑位。如果对方左后卫没有上前切断传球路线，右前锋可直接将球传给右边后卫。如果对方后卫已经切断了直传球路线（指导防守队员采取不同的应对方式），右前锋可将球带向防守队员的内侧，然后再将球传给右边后卫，右边后卫跑动上前接球。

其他可选择的进攻方式如图所示：

(a) 右前锋（9号）迅速将球带向内侧，调整好姿势，然后在前场转身，将球传给套边的右边后卫（5号）

(b) 右前锋（9号）向内侧转身，然后将球传给插至后防线前的中锋（10号）。中锋再将球传向角球区方向的套边右边后卫（5号）

(c) 右前锋（9号）向内转身，将球传给进攻的中场队员（8号），后者带球向前，将球传给前插至防线后的右边后卫（5号）

以上每种变化应在两个边路同时进行练习，所有相关球员进行轮换。

在练习过以上各种变化后，教练员可增加防守队员人数，或者要求防守队员增加防守力度。然后，重点训练进攻队员的场上决策能力，鼓励他们根据防守队员的行动进行恰当应对。

(2) 进攻型前卫套边 半场

进攻型前卫边路套边的前提是他所在边路的边锋被紧逼，或者边锋向内侧跑动。一开始由右后卫（4号）将球传给右前锋（9号），后者带球从边路跑向内侧，进攻型前卫（8号）套边插入右前锋留下的空当。右前锋将球传给迎球跑动的中锋（10号），中锋再将球传向对方左后卫身后的空当，进攻型前卫（8号）插上拿球。

(3) 边路突破：中锋 半场

右后卫（5号）将球传给右前锋（9号），右前锋再将球回传给前插的右后卫后向内侧跑动。同时，中锋（10号）横向移动，与右前锋交叉跑动，然后跑向右后卫传至边路的球。中锋也可从对方防线后的越位位置开始横向跑动，尤其是在对方没有逼抢球且中锋可在传球前重新回到不越位位置的情况下。

(4) 边路突破：边锋　半场

该进攻方式是这套体系中最常见的一种，因为边锋经常会面对对方一名边路防守队员，因此可充分利用该防守队员身后的空当。右后卫（5号）将球传给前插的边锋（9号），后者将球传给进攻型中前卫（8号），然后转身由边路跑向对方左后卫身后。与所有边路进攻方式练习一样，该练习必须在两个边路同时进行，且所有相关球员都要参与。

教练指导：

● 时机。进攻型中前卫必须学会在右前锋拿球后立即迅速上前接球。如果起动过早，那么通常在接球之前就会被盯防。如果起动过慢或距球过远，则会让右前锋被身后的防守队员盯死，限制了接应球员的选择余地。

● 变速。前锋接球前需向外侧转身，然后突然变速。此时，防守队员需要选择是盯球还是盯人，而就在这一瞬间，进攻队员则有机会撕开防守，利用其身后空当。

(5) 中锋摆脱防守　半场

防守型中场（6号）将球传给迎球跑动的进攻型中前卫（8号），后者随即回传，然后转身前插。同时，中锋（10号）向对方左中后卫身前跑动，然后再折向右中后卫身前，试图吸引两名中后卫离开防守位置。防守型中场将球传到中锋（10号）脚下，后者随即将球传至前插的进攻型中前卫（8号）身前（两名进攻型中前卫中任一名）。之后，中锋做无球跑动，绕开防守队员，从对方右中后卫和边后卫之间的缝隙前插，接进攻型中前卫的传球。之前热身练习中演练过的配合传球在这个练习中也可得到实际运用。

(6) 中锋摆脱防守　半场

防守型中场（6号）将球传给迎球跑动的中锋（10号），后者接球转身的同时，右前锋（9号）向内侧跑动至对方左中后卫和边后卫中间的空隙处，此时中锋将球传至右前锋脚下后，从两名中后卫中间的空隙处前插至防线身后，完成踢墙配合。完成这个进攻方式的前提是右前锋要提前意识到对方后防线站位松散，而本方中锋可以面向对方防线跑动。在将球敲给中锋前，右前锋必须判断中锋的跑位能否成功（能摆脱两名中后卫的防守且不越位）。

(7) 中路进攻方式：边锋突破 2/3 场地

左边后卫（2 号）将球传给左前锋（11 号）。左前锋接着将球传至进攻型中前卫（7 号）的脚下，后者将球传给另一名进攻型中前卫（8 号）。右前锋（9 号）在盯防他的防守队员和近侧的中后卫之间创造出一条跑动路线之后，面向防守队员跑动，暗示队友将球通过对方防守漏洞传出。进攻型中前卫通过长传将球传到空当处，右前锋上前接球。

教练指导：

- 时机。如果前锋起动过早，在配合完成之前对方就会封死传球角度，并察觉到防守漏洞。如果起动过迟，对方中后卫可能会识破进攻意图，抢先一步拿球。同样，进攻型中前卫必须在机会消失前将球传出，但也不能过早，否则前锋无法及时跑动到位拿球。

- 交流。踢出直传球的队员和跑位队员都必须一致地提前做好准备，并且二人需充分交流以确保在适当时机完成配合。

- 佯装跑位。前锋的跑位需飘忽不定（如在球传出后，可向边路和左后卫身后跑动，以离开其视线范围），或者佯装拿球，以便在转身插入前牢牢控制住防守队员。

- 正确的直传球。直传球的类型和质量决定了该进攻方式能否成功。通常，需要通过一个高吊球来摆脱对方的左中后卫。

(8) 中路进攻方式：边锋突破　2/3 场地

左后卫（2号）将球传给防守型前卫（6号），后者转身将球传给中锋。中锋（10号）随即将球传到左路的进攻型中前卫（7号）脚下，后者将球停在身体右侧，然后传过顶球给跑到空当处的右前锋（9号）。

(9) 中路进攻方式：进攻型中前卫摆脱防守　2/3 场地

右边后卫（5号）将球传给迎球跑动的右前锋（9号），后者将球接向内侧，然后向对方后防线前方带球。中锋（10号）回撤（诱使对方右中后卫离开防守位置），左前锋（11号）靠边拉开。左路的进攻型中前卫（7号）冲刺跑至对方右中卫和右后卫之间的空当处，此时右前锋（9号）把球传向该空当，7号队员上前接球。

7. 射门

(1) 巴塞罗那式射门　1/3 场地

这是巴塞罗那一队训练时使用的练习方法。该练习方法能够提高球员通过快速传接球、带球和配合打法来赢得射门机会的能力。1 号球员将球传给 2 号球员，后者接球后随即回传。接着，1 号球员再将球传给 3 号，后者在同 1 号完成 2 过 1 配合后射门。

(2) 逼抢下的射门 1/3 场地

巴塞罗那球员经常需要在面对补位防守队员的逼抢下射门。该练习真实地再现了这样的情形，对提高球员的射门能力非常有效。如图所示，在距球门 30 码处摆放两个标志桶，球员站成两组。注意，为了创造进攻机会，两个标志桶应错开放置。进攻方第一名球员将球传至另一名队员的脚下（或者身前），然后防守队员开始逼抢进攻队员的脚下球。如防守队员抢球成功，则由他进行射门。射门完成后，进攻队员重新拿球，然后慢跑回防守方并加入防守组，而防守队员则加入进攻组。鼓励进攻队员在练习时径直向球门方向快速跑动（为躲避防守，进攻球员通常喜欢将球带向右侧），并选择一个合适的射门角度。进攻队员需要在射门前观察守门员的位置，判断是否能在守门员上前逼抢的同时完成射门（远门柱低平球通常是最好的选择）。

(3) 摆脱和突破 1/3 场地

1号球员先全速跑向球门处（代表对手的后防线），然后转身迎球跑动。2号球员把球传给1号，后者将球传向一侧2号球员的身前，然后曲线反向跑动。2号球员再将球传向对方后防线的身后，1号球员上前拿球，带球跑动并射门。之后，2号球员佯装跑位通过球门，重新开始练习。

教练指导：

• 传球时的速度和位置。传球需要有一定的节奏，才能使练习更加逼真，尤其是在传身前球时，球传得要有一定的角度，让接球队员可以轻松地拿住球，并能以有利的传球路线传球。

• 有质量的跑位。不同方向的佯装跑位要做得逼真，才能在比赛中控制住并撕开对手的后防线。同样，突破之前的曲线跑位也要有一定的速度，同时视线要看着对手肩膀，寻找合适的时机跑动至对方防线身后，并确保不越位。

• 队员间的交流。接应队员要主动要球，并催促跑位队员切入对方防线后方。同样，跑位队员也应主动要球，然后在防线后方完成配合。

(4) 接渗透性传球后射门 2/3 场地

该练习内容为斜长传和射门。1号球员将球传给迎球跑动的2号球员。2号球员接球后将球回传给上前的1号。1号球员控球后，通过斜长传将球传给3号球员。3号球员则适时跑向旗杆（防守队员）之间，确保不越位，然后再跑动上前接斜长传，向球门方向带球并射门。之后，1号球员跑至3号位置、2号球员跑至1号位置，练习重新开始。

教练指导：

- 渗透性传球的质量。根据传球距离、条件和比赛中防守方站位的不同，渗透性传球可分为过顶传球、挑传或直塞球。教练员可以规定具体的传球类型，在训练中要不断改变练习队形和渗透性传球的角度及距离。
- 跑位时机。进攻球员的跑位必须适时，不能越位，并要尽早通过旗杆之间，而且跑位要有利于接渗透性传球，并为随后的带球射门创造合适的角度。
- 比赛速度。为了模拟真实比赛的情形，包括带球跑动射门在内的整个练习过程必须保持一定的速度。

(5) 快速射门练习　1/3 场地

鉴于巴塞罗那的许多进球是通过带球跑动完成的，该练习能很好地模拟那些情形，并通过设置守门员增加难度。将球队分为两组，其中一组每人各持 1 球，在距球门 30 码处的区域内带球。一名进攻球员站在球门 20 码处，与其他进攻球员做踢墙配合。由这名进攻球员喊出传球给他的队友的名字，后者接到回传后，尝试在罚球点之前完成射门。防守一方在两个门柱边各补充一个守门员。这两个守门员必须将一只手置于门柱后，且不能用手触球。其他防守队员均站在球门后较远处。球门后的防守队员在接到进攻队员射偏的球后，在球落地之前颠球 3 次，可得 1 分。练习每 2 分钟更换门柱边的两名门将。三次轮换过后，两队互换角色。

变换形式：

- 在进球后，一名或者两名门柱边的门将必须跑到距各自较近的球门区线上（与此同时，进攻球员继续尝试射门）。
- 球门后的防守队员用头顶到任一射偏的球，可得 1 分。
- 改变助攻方式（如抛球为凌空抽射创造机会）和距离（或传球所用的脚）。

(6) 2对1射门练习　1/3场地

巴塞罗那成功的一个要素就是比赛中的射门速度，他们非常擅于利用人数优势发起进攻。两名穿着不同颜色背心的球员在罚球区弧顶处待命。场地中间各有一组队员（着不同颜色背心）。教练员将球传给任意一组的第一名队员后，练习开始。罚球区弧顶处穿着相应颜色背心的队员为进攻队员，另一名队员则为防守队员。再次开始练习时，接到教练员传球的进攻队员取代罚球区弧顶处队友的位置，然后练习继续。

(7) 2 对 1 加 1 名补位队员的射门练习 1/3 场地

该练习为进攻时机的把握,培养进攻中的创造性,重点练习进攻速度。一名防守队员将球传给任意一名进攻队员,然后冲刺跑动补位。另一名防守队员在罚球区弧顶处待命。如果进攻队员动作够快,他们就有机会 2 打 1。如果防守队员抢到球,练习结束。

(8) 3对2射门练习 1/3场地

这个射门练习要求在射门前完成一次套边配合。在以多打少的局面下，很容易打出套边配合，因为有足够的宽度可以利用，并且只有两名防守队员。注意，在重新开始练习时，有两名进攻球员为目标球员，而另一名在接应位置的球员拿球。

教练指导：

- 组织配合。最初控球的队员可以选择将球传给目标球员后套边，或者直接面向防守队员带球。后者情形下，一名前锋需跑向边路进行套边。配合的关键在于要对进攻队员的角色做出果断选择，由最靠后的球员（该例中为开球时拿球的队员）通过传球或面向防守队员带球跑动来进行角色定位。
- 时机。启用越位规则，以迫使进攻队员注意跑位和传球时机。
- 快速配合。如需提高配合速度，可以增加一名补位的防守球员来减少进攻队员做决定的时间。

(9) 5 对 3 射门练习　半场

该练习继续增加进攻方的人数，并增加一个实用的新要素，即允许进攻型前卫队员同前场队员进行配合。进攻方由两名进攻型前卫（其中一名在开始时控球）和 3 名前锋组成。3 名防守队员一字排开。如果防守方得球，则判为死球，由中场球员重新开球进行练习。进攻球员在射门前，必须和一名进攻型前卫完成一次套边配合。该练习可很好地锻炼球员为中场球员创造套边机会的能力，也可用来练习以下进攻方式。

3 支球队在罚球区内的射门练习

因为巴塞罗那会尽量避免在罚球区内传空中球，他们的很多进球都是通过在罚球区内快速、考虑周密的控球配合来完成的。练习需要 3 支人数相等的球队。两支球队在罚球区内（直接面对守门员）射门，另一支球队则在罚球区边缘和弧顶处负责开球，并随时将弹出罚球区的球踢回罚球区。罚球区外的球队通过助攻得分，而罚球区内的球队通过进球得分，守门员则通过有难度的救球得分。进行三轮练习，每轮 5 分钟（每队练习两次）。

(10) 全队攻门练习　罚球区

本练习与上个练习相似，不同的是需要两支球队，并加入了接传中球射门的内容。两支球队人数相等。每队各安排 3 人在罚球区内，并在两个角球区各安排一名传中球员。其余球员在罚球区外各自持球分散站开。守门员喊出开球队员的名字后，练习开始（罚球区外的球员既可以射门也可以传球，角球区的球员只能传中）。当罚球区外的球员选择射门时，罚球区内的队员要躲闪，给守门员让出空间。只有球出罚球区后练习才能结束。每 5 分钟轮换一次开球队员和罚球区内队员。

变换形式：

- 将巴塞罗那式的短角球（一名队员跑向开球队员）也作为一种开球方式。

六、击败巴塞罗那

巴塞罗那自 2008 年起声誉大振,大家都在争论什么样的球队和战术才能击败巴塞罗那。使这一争论变得更有意思的是,瓜迪奥拉带领他的球队执着于"自己的踢球风格",这对他们来说与比赛结果同样重要。因此,在面对巴塞罗那时,你面对的不仅仅是一支球队,而是一种对战术理念的坚持,并且就目前而言,这种坚持已取得了卓越成绩。

从战术角度来看,击败巴塞罗那确实是有章可循。

反击

由于巴塞罗那非常热衷于控球,且他们的球员在场上站位分散(尤其是后防线),因此导致他们对快速精妙的反击应对不足。显然,不少巴塞罗那的对手意识到了这一点,而巴塞罗那也深知自身的缺陷,所以他们一旦被抢断就会展开疯狂的逼抢。成功的反击要求在抢断后进行快速长传,这样一来就能阻止巴塞罗那在丢球后投入大量球员就地反抢。

对阵典型的巴塞罗那阵容时,最佳的反击发起地似乎是在己方半场的两个边路和防守腹地。表面上阿尔维斯在很多比赛中踢的是右后卫位置,但大多数时候都因战术原因而不在自己的位置上。阿比达尔通常是左后卫,其风格总体而言是稳扎稳打,但偶尔的前插助攻也会造成让对手有机可乘的防守漏洞(2012 年 1 月与皇马的第三场国家德比中,克里斯蒂亚诺·罗纳尔多便利用巴塞罗那的防守漏洞偷袭得手)。中场的试探常会吸引后腰布斯克茨的注意,而皮克和普约尔擅长关门防守,因此很难从中场发起反击或者保持住反击的势头。

关于对阵巴塞罗那时，如何发起反击，在什么位置发起反击，以下图示具有代表性：AC 米兰队的克拉伦斯·西多夫带球快速切入空当，单独面对普约尔（5 号）的防守。前巴塞罗那队球星兹拉坦·伊布拉希莫维奇（B）跑到普约尔身后，西多夫巧妙地将球传到伊布拉希莫维奇前方空当，后者上前射门进球。这里，巴塞罗那被对方抓住了防守不平衡的软肋，普约尔（没有提前上前施压，而且完全忽视了后插上的伊布拉希莫维奇）、布斯克茨（16 号，补防不及时，而且没有回追干扰伊布拉希莫维奇）和当场比赛的中后卫哈维尔·马斯切拉诺（4 号，没有为普约尔补位或盯紧伊布拉希莫维奇）3 人均对这个丢球负有不可推卸的责任。

西多夫助攻伊布拉希莫维奇得分（AC 米兰对阵巴塞罗那 3：2，2011 年欧洲冠军联赛）

图示说明并暴露了巴塞罗那围抢战术的另一个缺陷。尽管巴塞罗那在对阵南美冠军桑托斯的整场比赛中处于压倒性优势，但也有一些时候，尤其是在上半场的某些时段，这支欧洲冠军队也给对手留下了可乘之机：桑托斯的球员 A 已经带球突破到巴塞罗那后防线的边缘。普约尔（5 号）上抢，中后卫皮克（3 号）上前协防，左后卫阿比达尔（22 号）也紧跟皮克。布斯克茨（16 号）则向球所在位置追防。此时，桑托斯球员 B 插入到巴塞罗那后防线位置留下的巨大空当处。桑托斯的球员似乎也察觉到了这一点，他们也确实通过左路进攻然后将球传向巴塞罗那右路的空当而获得了几次射门。事实上，如果阿比达尔没有过多的向右协防或被迫紧跟皮克，巴塞罗那的这个防守体系就不会留下这么明显的漏洞。布斯克茨应该去补防漏洞，但他却回追球试图给对方带球球员施压。其次的最佳解决办法就是让巴塞罗那的两名进攻性中场球员之一哈维或伊涅斯塔在每场比赛中积极回防，然而，他们助攻位置经常过深，因此他们身后的空当就成了巴塞罗那在攻防转换时的软肋。

桑托斯对阵巴塞罗那（4∶0，2011 年世俱杯）

定位球

巴塞罗那在角球进攻时，常采用战术角球的方式，这表示他们认为自己在拥挤的罚球区内没有太多赢球机会（因为相对身高处于劣势）。因此，在对阵巴塞罗那时，尽量通过下底进攻（如在反击时最容易在两翼找到空当，然后带球深入后场）找到机会传中或赢得角球。除了普约尔、皮克和布斯克茨，巴塞罗那的首发阵容普遍身高不足，处理高空球力不从心。同样，门将巴尔德斯虽然擅于扑救和控球，但在压力下处理高空球时也会偶尔出现失误（而其身高优势也不明显）。当然，尽管巴塞罗那战术素养较高，不会轻易犯规，尤其是3名后防球员，但是对于传入罚球区的任意球，上述因素也需考量。

抓住每次机会痛击巴塞罗那

尽管这是一种比较自私的战术，何塞·穆里尼奥仍将其运用在了2011—2012赛季皇家马德里队与巴塞罗那队的对决当中。在作为西班牙国王杯赛（巴塞罗那在伯纳乌2∶1获胜，在诺坎普2∶2踢平，总比分4∶3获胜）一部分的第二场和第三场西班牙国家德比中，尤其是在第三场比赛中，皇马队整场比赛数次犯规，而且有故意侵犯和伤害梅西、哈维和伊涅斯塔等众多巴塞罗那球员之嫌。这个战术最终在第三场比赛的最后22分钟时收到成效，克里斯蒂亚诺·罗纳尔多和卡里姆·本泽马抓住巴塞罗那后防的失误偷袭得手，而这两个进球也让巴塞罗那对中场的控制付之东流。

绝对不能落后

鉴于巴塞罗那痴迷控球的打法，落后便是致命的，因为对手一旦在比分上落后，巴塞罗那便会通过控球放慢比赛节奏，并迫使对手不断上抢来消耗对手体力。2011—2012赛季的第一场国家德比便是如此，在比赛进行到下半场中段的时候，巴塞罗那就已取得了3∶1的领先。皇马的球员则显得疲惫而消沉，直到比赛结束前几乎都在疲于抢球。

抢先取得进球

反之，在与巴塞罗那的对决中抢先取得进球非常重要。尽管无论比分如何，巴塞罗那总是孜孜不倦的倒脚配合，但他们所背负的期望有时会让他们不堪重负。典型的例子就是在2011—2012赛季与赫塔菲的首轮较量中以0∶1爆冷失利。巴塞罗那在前期错失了大量机会，而在丢球之后便乱了阵脚，控球失去章法，也丢了追平的决心。任何球队若是能领先巴塞罗那并保持住优势，便会让巴塞罗那在战术上陷入进退两难的局面，因为巴塞罗那既想踢得耐心又不得不眼睁睁地看着时间流走。

放松前场拼抢，前移后防站位

以皇马为代表的几支球队都曾使用过这种战术，并且在面对巴塞罗那时占得便宜。以牺牲后防的代价将防线前压，巴塞罗那的对手通过压缩防守区域来赢得破坏其控球的机会。这种战术之所以能取得成功，还在于巴塞罗那在面对这种防守时往往不会用传身后球的办法来破坏和拖垮对手的防线（尽管他们的锋线上有梅西、比利亚和佩德罗这样的球员）。从瓜迪奥拉的相关评论来看，巴塞罗那依旧会按照自己的打法进行比赛，如果对手试图压缩防守区域，在中场投入大量球员上前拼抢，巴塞罗那也不为所动。平心而论，这种战术有时也会正中巴塞罗那下怀，因为后防线过于压上往往会在身后留下空当，对于上文描述过的斜传和过顶传球防守不及（如阿尔维斯的套边），而巴塞罗那通常也会向中路塞球并让梅西或法布雷加斯前插，这也让对方的教练员在布置战术时颇为头疼。

七、结论

　　瓜迪奥拉麾下的巴塞罗那引发了一场战术革命。在这场革命中，"团队"概念升华到了让人着迷的程度。出色的技战术及比赛速度、无私的精神和一流的管理让这支充满活力并执着于控球的球队在国内外赛事中取得了骄人的战绩。在本书成稿时，他们的辉煌依然在延续。虽然巴塞罗那仅仅在近年才成为西班牙和欧洲的足坛霸主，但他们将会在未来几年中成为足球比赛的黄金标准。

　　祝各位教练员工作顺利！

版权声明

书名：FC Barcelona Style and Domination—A Tactical Analysis of FC Barcelona

Copyright © WORLD CLASS COACHING 2012

All rights reserved. No parts of this publication may be reproduced, stored in a retrieval systme, or transmitted in any form or by any means, electronic, mechanical, photocopying, recording or otherwise, without prior written permission of the publisher.

版权合同登记号：图字 01-2013-7702